# 前言

「這個社會上發生的無數問題,都暗示著中央集權式的統治已經無法帶領我們前往下個時代。由民間團體合力支持地方政府,再由地方政府支持中央政府的分權式統治才是前往下個時代的解答。」在加賀一場政府、學者與民間團體合辦的活動中,我聽某位老師曾如此說道。而在下個時代中關鍵的「民間團體」究竟該用什麼樣的型態存在?每個人又該用什麼態度去面對自己的人生?我想透過這本書紀錄當下,也與大家分享一些心得。

微觀的地方創生這個標題,代表書裡所有見解,都只是日本政府地方創生政策大格局中,身為一個小小實踐者在這個時間點的一些小小觀察。

其中記錄了我從東京來到加賀當中邂逅的人事物,裡面可能有一點社區營造、一點社會企業跟一點台日比較,在地域振興協力隊隊員身份之前,我希望以台灣人的角度、個人的角度,紀錄與整理這一切。

在海外生活久了,相信大家對於很多事的見解跟體悟,一定會慢慢改變。從表象到真相、有些事看得越多越廣越讓人迷惘,越沒辦法妄下定論。我想這兩年發生的事就是這樣吧!在這本文中,我想盡量去拼湊那些片段的記憶跟破碎的情報,試著用更完整,又不至於太無聊的方式呈現。

在我任職於協力隊的第二年,台灣政府也將地方創生列為施政方向,隨後教育機關、行政機關與各種法人展開了各種論述、研究、甚至出團參訪與考察。雖然我當時透過日本地方創生政策某制度受聘於地方政府,但第一次聽到這四個字卻是在台灣。

在這一陣地方創生的熱潮中，不知道身在台灣的各位，從其中看到了什麼？但我想用很微觀、淺顯的角度跟大家分享自己看到的。

這個世界很大、歷史很長，我們都只能用自己小小的眼界跟短暫的人生去探索，如瞎子摸象般，唯有透過眾人討論與交流才能慢慢拼湊出世界全貌，相信我短短幾年內的見識與感想是遠不及各業界前輩與老師們，但若能透過一個外行人的視野，稍微為這個社會找出一點新方向，那我短暫的任期，也算有價值了。

本書內容最終修正前，我正好翻到一張舊梗圖。
「如何展現你的職場成熟度？」
「用 "OK 好" 取代 "幹你娘"。」
以此為鑑，最後一版修正後刪減了很多批判性及情緒化的內容，希望中性一點的敘事方式能讓大家看得更清楚，也希望減少我被告還有被業界放逐的風險。

# 目錄

# 序章
## 窮途末路的東京生活

2011 年 3 月 11 日，東日本大地震改變了數以萬計人們的命
運。

無數留學生與外籍工作者在惶恐中打包行李撤離日本，一部
分倖存的日本人們，也未陶醉在生的喜悅中，而是開始反思
死的意義。大自然的災害該如何預防？破碎的家園如何重
建？在短暫的人生中該為了什麼而付出？

另一方面，資本主義社會也對此作出了回應，房價暴跌使一
批新的海外投資客竄起，防災相關用品也瞬間成了市場上的
新寵兒。

在日本社會對將來還充滿一堆問號這年，因為諸多原因，我
逆風向選擇了來到日本。

「等了一年簽證總算下來了，問題是地震以後大家都跑光了
欸？」

「那些跑掉的人他們想等什麼時候再回去？」

「不知道欸？大概等個幾年不震了以後吧？」

「搞不好這幾年都沒震，反而他們回日本又震了也不一定
啊！」

「大概吧！天災這東西沒人說得準。」

「有些事就是該在某個年紀做，錯過了你的人生就不會再有

機會了。要出去就趁 30 之前吧！」

在跟家人一番對話後，我決定依原定計畫在 2011 年夏天進入語言學校就讀。日本的學期開始並不在暑期，所以我算插班生，加上地震影響，跟我同時入學的只有另一個人。第一次到海外長住、第一次與其他國家的人一起上課、甚至是第一次辦智慧型手機、第一次見日本網友參加日本網聚、第一次被網路詐騙、第一次去日本當鋪典當東西、第一次開公司、第一次處理不動產交易糾紛、第一次被招待到政治家的生日餐會；我的日本生活是由無數個第一次交織而成。

也包括這幾年在日本公家機關專案輔助下，第一次進入地方政府執行專案。

去年因為一些小事到精神科求診，醫生開了過動症診斷證明給我，症狀與我常愛一頭栽進新事物、喜歡找樂子打發時間、認識新朋友，另一方面卻又容易看人不順眼，一言不合就退群組的性格相符。

到日本以後，我參加過好幾個國際交流會、台日交流會跟台灣人群組，相對來說應該也算看過很多台灣人在日本發展的狀況。

從教育水準、收入水平到社會階級，我一直好奇形成這些東西的究竟是什麼？除了祖上庇蔭、家庭教育，與同儕影響外，是哪些潛規則在運作，造就了各階級與當中一個個小圈子？期間我也撰寫了不少文章記錄心得，從各種國籍階級的學生龍蛇雜處的語言學校開始，到幾乎只由日本人構成的專門學校，再到設計公司跟不動產公司的職場生活，最後跟朋友開始了創業的自由工作者時代，心得感想大概可以另外匯集成冊。

而正好就在跟創業夥伴拆夥，自己扛著一間公司不知道何去何從時，手機收到了某位老友傳來的訊息：「我之前公司學妹有一份工作在找人，只要把戶籍遷到鄉下，然後每個月去幾天就可以領錢，內容是做台日交流，你有興趣嗎？」誰都想不到，這封訊息開啟了我通往人生另一段冒險的入口。

另一條主線：中產階級子弟的憂鬱

「台灣社會一直推崇錢能買到的東西，但錢買不到的東西才該令人崇尚。」

到日本的前幾年，我一直在思考金錢、價值觀與人際關係這幾件事，而隨著各種經驗累積，及經歷過的許多交友圈，所見所聞也不斷考驗著我所給出的答案。

雖然社會氛圍就是如此，但我認為教育應該教導孩子錢買不到的東西，而不是只教錢能買到什麼東西。整個社會都在追求金錢，反而使我們失去了很多東西。北野武文章中也提過相似的論點。追求金錢以及奢侈的慾望永無止境，可以讓一個出生平凡的人花上一輩子，但是人生中更多東西是錢買不到的。唱好一首歌，做出一件超棒的作品，從零開始經營一家店，這些事情部分成本可以用錢來計算，但是也有沒辦法用錢來計算的成分參雜其中。

與其花一輩子去追求極難達到的榮華富貴，不如多花點時間在確實能握在手上的東西，經營家庭、興趣，或是其他東西。有些人生而富貴，一出生就擁有了一切，跟那種人比，不如過好自己的日子。現在可以用錢買得到的快樂，大家隨隨便便就可以列出 30 項以上，反之用錢買不到的快樂，大家又能列出幾項？

賺錢是一種才能，而沒有賺錢才能的我，是不是在主流社會中就一無是處了？在我的家庭教育中常被灌輸「別人做得到你為什麼做不到」，但多年後我才發覺，「別人做得到我不一定做得到，但我做得到的別人也不一定做得到」。不同人做同一件事會有不同結果，在社會的主流價值中，若結果不能轉換為金錢，就會被否定。

天生不擅長賺錢的人是否注定是輸家？

期間也有某位友人針對我的論述回應道：「這跟台灣是典型移民社會也許有關，因為移民首先要求生存，再求穩定，都有了之後還要節省給兒孫，也要求兒孫務實，好好種田、好好讀書、再好好賺錢。最後就把快樂跟興趣當成奢侈，久而久之就成為傳說跟不可及

的東西。」從「未來學」的觀點，未來的世界我們或許無法想像，在那之前不妨慢慢尋找興趣跟熱情，學著享受錢買不到的快樂。

但就算我們清楚知道錢買不到的東西有多珍貴，社會資源分配所造成的殘酷現實，卻硬生生擺在眼前。

這世代重要的是累積，無論是財富、人脈權力、還是專業。凡人人生短短幾十年，再怎麼累積，也無法和幾百年來經過無數天才打造出來的知識傳承相提並論。有錢人小孩似乎甚麼都比較會，就是因為窮人得靠自己摸索，靠感覺鍛鍊；有錢人一開始就能找大師，接受非常扎實且有系統的訓練和教育。窮人隨時都在遭遇瓶頸，因為訓練方式有問題，有時甚至一直原地打轉無法突破；有錢人受大師指導，整套教育按部就班、基礎扎實，不存在瓶頸問題，直線快速往前走。這樣窮人再天才，也沒辦法和有錢人的小孩相比。

富人與窮人的差距，不只是資源跟教育，在心理建設與自信方面，更是天差地遠，要說貧窮這件事被刻入人的 DNA 裡也不為過。因此這社會上拜金的風氣是有跡可循，想打破這個思考跟主流觀念，不是那麼容易。而有資源、有餘裕，跟足夠知識跟思考「金錢以外的價值」這個問題的族群，無疑就是不上不下的中產階級子弟們。

在各種價值觀衝突的狀況下，我曾選擇跟朋友合資創業，也在那段時間中反覆驗證著自己的想法。一段時間後，創業這條路觸礁拆夥。因為某個契機，決定正式揮別東京生活後，我寫下一段記錄，寫寫自己心情，也寫寫當下心得：

一些走得比較近的朋友大概都知道，我最近工作吃鱉了。心中千頭萬緒，很多想法，很多感觸，想把這些亂七八糟看似有點關係卻又好像沒有直接關聯性的東西串起來。所以我決定寫這篇文章，來紀念人生中第一個株式會社，以及告訴各位如何第一次當代表取締役就吃鱉。

該從何說起呢？

之前大家常問我開的是什麼公司？

因為一些原因不能說，也因為沒把握更不敢說，所以我都統一回答： 我們公司在仲介國際賣淫。當然大家都知道這是話虎爛的，識趣的就不會再問，或說點場面話練練肖威就帶過了。

大家常說業界很小。

的確，業界很小，華人圈更小。

我很想寫出完整經過，但是真的礙於所謂「業界很小」。所以詳細過程無法一五一十的講出來，只能透過概述讓大家意會。

● 第一次出社會

以前一直不了解老媽嘴裡常說的：「你還沒出社會」，是怎麼一回事，我心裡常想：我有工作，也有賺錢，怎麼會沒出社會？小時候爸媽離婚後就久久才聯絡一次的老媽，直到近幾年她常到日本，走得比較近，也有機會共事，才知道她口中的「出社會（台）」是怎麼一回事。

這樣說吧！在公司上班不叫出社會。離開公司的保護，自己在外面想辦法弄錢，不管要開公司做任何事，或是用任何方式賺錢，才是所謂的出社會。大家都說社會很險惡。的確，這個環境的確比在公司上班險惡，公司不管再怎麼爛怎麼糟，不要太誇張至少每個月發薪日薪水就是穩穩入帳，自己出來做，手上金錢有限，不拿錢去生更多錢的話，連坐著呼吸發呆都是浪費時間，那不如去便利商店打工還比較有生產力。我很久以前吃過一次創業的鱉，對這個道理再了解不過。

為什麼社會那麼險惡？因為會接近的人不是想跟你一起賺錢就是想從你身上賺錢，當然賺到錢就是有本事，會用什麼手段就看教育跟良心。總之沒本事別人不把你弄死，自己

也會先餓死。出社會大概就是這麼一回事。

● 創業中的三個角色『商人』『技術人員』『金主』

出來外面跑遇到形形色色的人，這當中我發現有兩種人似乎無法互相理解。只想賺錢的人，跟想做點什麼的人。

只想賺錢的人想法很簡單，所有眼睛看得到看不到的東西都可以轉換成錢，都有價格。就像七龍珠裡面每個人都有戰鬥力一樣，在這類人眼裡所有東西都可以轉化為數字。合作要對方出多少錢，用多少錢可以綁住人，用多少錢可以做多少事，然後做事多少可以賺多少錢。

把任何單位，甚至人的感情都用金錢來計算，很多事情都會變得簡單。但若太過於依賴這個法則，則會產生莫大的盲點，甚至會看不清自己身陷的狀況。這類人我稱他們為商人。他們是生意裡第一個需要的角色，因為大家沒錢就沒辦法生活，而他們會負責把團隊擁有的資源跟會做的事變成錢，或許是透過行銷，或許是仲介，或任何他們想得到的手段。

第二種，想做一點事的人。當然他們也不是不要錢，只是除了錢以外，成就感、對美感、專業的堅持等等偶爾會比錢優先。這類的人我稱他們為技術人員，自己身邊也是這類人比較多，甚至我個性大概也可以歸類在這裡（但是技術老實說並不如人，所以只敢說個性上歸類在這）。

想做點事的人不一定全都為了錢，所以有時候一些額外付出是商人無法了解的。多做可以多賺錢嗎？多花時間有錢拿嗎？為什麼不找我們一起做？是不是因為做了能賺的錢不夠？在商人眼中技術人員是充滿謎樣的存在，因為技術人員心中對難以用金錢衡量的價值有另一把尺。

也許在一個事業或生意中，短線而言商人很重要，但長線而言，需要把招牌擦亮，就需

要這些技術人員的堅持跟頑固。這些東西短期內都看不到，不會馬上變成錢，但長期下來，絕對有價值。這就類似公司裡工程師跟業務會互看不爽的關係一樣。不過無法互相配合取得平衡，生意是很難長久的。

最後一個角色，金主。

有錢的人通常不知道自己要幹什麼，知道自己想幹什麼的人通常沒錢。那有錢又知道自己要幹什麼的人？ 通常我們不會認識，因為這種人超忙，那個圈子的門也很窄。這兩種人是該相互扶持彼此才能共存共榮啊！

我長年以來一直忽略金主這個角色。不是沒聽過，甚至還常聽到。不過我一直不信有人會拿錢出來投資跟自己不相干的生意。要做什麼的話，幾個朋友人家丟錢出來，或是自己想辦法去借錢或直接跟家裡伸手比較貼近我的世界。只是到現在我發現真的有金主欸。

發現傳說般的角色「金主」是真的存在後，只理解到要是夠有辦法，的確會有人願意拿錢出來給你做生意。並不只是傳說而已。而這三個角色在創業初期可能要一人分飾多角。然後到了安定期，還是角色分開各司其職會好一點。

● 關於合作夥伴

合作夥伴這種東西，立場一定要對等。

就算有個人帶頭，那他的工作也僅止於幫助大家做決定，還有整合意見。立場不對等，就會衍生不滿。久而久之團隊就會有問題。立場又牽扯到很多事，像是年紀、經歷、成就、家庭背景，還有錢。不過既然是夥伴，大家就要有同等的發言權。

如果團隊內部能團結一心，哪怕花再多時間也要溝通，妥協不了乾脆解散可能會更好。以前我就覺得溝通難，現在覺得更難。俗話說謀事在人，成事在天。我倒覺得創業初期

成事在人，敗事也在人，再怎麼搞，其實還不用看天，被人搞死的比較多。有些團隊比較幸運，是被外面的人搞死。而有些一開始在組隊的時候大家就開始內鬥。然後跟台灣政治圈一樣黨內互打免費，信手捻來就把自己人通通打掛了。這時需要有一個調解人是很重要的。之後相信不管在哪還是會遇到這種事吧，跟人相處真的是一門大學問，只能說我還有的學。

● 業務從不說「不」

前幾個禮拜找某位友人來家裡吃飯，才聽到他聊到日本的業務沒有在說「不」的，說了「不」等於永遠跟對方的公司斷絕往來，可以拖，可以敷衍但是就是不能拒絕，這已經是業界不成文的規定。

我那天聽完當下覺得有點驚訝，只是仔細回想起來，業務還有那些業務底的老闆們，真的不太會說「不」，無論含糊其辭、轉介紹都好，直接拒絕的狀況似乎極少。雖然在立場跟角色不同時，也有些情形例外。

這也難怪那麼多自我感覺良好的人。某些計畫越到後面明明事情進展不是很順利，又說不出哪裡出問題，就是沒被打臉過嘛！有些人說會幫忙，該出現的時候卻都沒出現，這種時候就該檢討自己哪裡出了問題，才讓別人給你軟釘子碰。可能也是因為我不設防加上直來直往的個性，常常可以聽到一個人在不同人面前講不同的話。態度跟表情是完全不一樣，但是通常一般人只會看到對方的其中一面。

東京時代的插曲不是一時半刻說得完，當初因為協助處理不動產交易糾紛，最後受邀到日本前內閣閣員私人生日餐會上作客，現在說起來也是一段奇遇。

聽懂對方的話是很重要的。只說自

己想講的話絕對混不久。

雖然我是以話多出名，但每逢對方發言時，我一定會專注地聽他丟什麼東西過來。有人曾說發言在業務上是防守，發問才是進攻。這點我非常同意，但大前提是要怎麼建立怎樣的關係；人脈需要經營，有目的性的人脈更是要經營。純利益的結合會因為利益而破局，也會因為利益而分開，這時找個性合得來的合作對象，也許更好一點。

說白了，會有福同享的就是會，而只顧自己的，就算賺翻了還是會想辦法剝削合夥人的利益。

在這個看似不會被拒絕的社會，除了聽懂人說的話以外，如何讓人對你有話直說才是更重要的。通常聽到真話之後，很多事情的決策會不一樣，人也會變。不過如果出發點就是懷疑跟保留，那別人對你一定也是懷疑跟保留。老一輩奉之圭臬的商場金玉良言，有些在這個年代或是某些業界不一定合用。

老人的經驗適合那個時代，只是商場觀念也是與時俱進，很多情況也要衡量自己條件跟局勢而定。上一個十年的線圖，沒辦法百分之百套在下一個十年就是這個道理。「保留你的人脈，不要輕易釋出，那些都是你的籌碼。」、「家裡背景不要講太多，那些是底牌，通常一掀就全盤皆輸了。」這兩句話我很驚訝在不同的家庭、不同長輩卻有一樣的共識，甚至前陣子還聽朋友告誡過。有些事情一講，我肯定買賣就做不成了，但是人脈這件事情我持保留態度。

直到現在我還是很樂意介紹自己的朋友們互相認識，畢竟大家要做什麼，找誰做都是個人自由。看朋友們合作成功時，我不參一咖也會為他們開心。什麼東西都要保留當作底牌，這種人生也太累了，底牌是要有多少張啦！自己保留，別人也保留。沒有什麼東西是不付出就可以得到的，情報，友情，人脈都是等價交換。真正的底牌，留一張就夠了。

等到有一天我掀底牌說「各位不好意思。其實我爸是郭董。」那不就贏了嗎？可惜我手牌裡沒那張啦！換出青眼白龍可以嗎？

● 買到便宜，不如買到信任

台灣人很喜歡殺價，但殺價這種事情，其實只是爽一時。如果說買賣有什麼附加價值的話，除了馬上看得到的價錢之外，就是對雙方而言這是不是一場愉快的交易。進行一場愉快的交易，會多一個朋友。而進行一場不愉快的交易，頂多就是得到便宜。交易對象要慎選，但是該讓人賺的就不要少。砍了價，換來的是背後的臭名，我想這絕對不值得。比價若比服務內容是 OK 的，但是殺價這件事，我只能說斟酌吧！

覺得自己有錢，自己是客人就最大，那可就大錯特錯了。商場走得越久碰過的人做過的交易自然越多，能不能把這些相遇都化為助力，就是個人功力了。看悟空練得那麼強每次最後都還要靠元氣玉就知道，個人努力還是有限，人跟人之間互相幫助的力量才強大。這就是艾力克爸爸的賢者之石為什麼比較強的秘密！

●「信任」沒有錯，但切記慎選對象

到東京以後經歷了一些變故，讓我變得比較有同理心，也開始會去相信人（以前我大概是嘲諷跟質疑界的一哥，現在退居二線了）。或說，只要對方不是太誇張，我都會選擇相信。其實這次生意開始到退股，很多跡象都已經顯示出我生理上沒辦法接受某些事。比如我要是認真要做某件事，一定會跟相關人士或朋友大肆宣傳。但是這次開始就覺得太不穩，合夥人還一直要我保密東保密西，很多事情給的答案根本讓人覺得不妥，所以一開始抱著半信半疑的態度。不管對方是有意無意，必須承認這次在一連串選擇中我是徹底失敗了。這時最後的小確幸就是還好我當初沒宣傳。

每逢吃鱉，朋友們當然都會給點安慰跟拍拍，只是人到幾歲做了什麼事，有什麼成就，業界的人、身邊認識的人跟朋友都會打分數。一旦被看衰就難翻身，到時候去找什麼機會找什麼人都只會不斷吃鱉而已。回台灣的時候長輩也說道「我們不有錢，但也不窮。沒必要委屈自己跟有錢人合作，要找夥伴，就找跟自己實力相當的，一樣有機會。」這句話真是講到我心坎裡，然後那時候又接了一通電話，通話內容讓我痛下決心要拆夥。

想想好笑，我以前最恨的就是去巴著有錢人不放，或是去攀名人沾光。結果現在因為家裡失勢，我居然在內心悄悄妥協，成了自己以前最看不起的人。跟那些人合作我沒有任何籌碼，更不用談將來，因為連談的餘地跟立場都沒有。還記得那天晚上睡不著，準備搭一早班機回日本的我拖著行李箱，一路從仁愛路家裡走到林森北路，邊吃滷味邊打電話給朋友抱怨。

「欸，我其實在這次工作裡一直在思考，是我太相信別人這件事錯了嗎？」

「小鬼我跟你說，相信別人沒有錯，人跟人之間都是從信任開始的。只是你選的對象錯了。」

很感謝大學室友溫柔的打臉。之後回到東京另一位女性友人打臉就沒那麼溫柔了。

「你只是想當好人而已吧，其實你就不是好人啊，不然幹嘛懷疑那麼多，你就是在決定的時候參雜太多個人感情才會這樣。」

她說的也沒錯，對於摩羯座那麼固執的星座而言，其實內心早就有了答案。常常問人也只是問爽的，只是這次決定太重大需要多一點人來打我的臉才會醒。也許我到現在做事還是習慣帶有很多個人感情，但也有好處吧。在個人感情中不斷掙扎琢磨出來的答案，會無比的堅定，除了做決定，也幫助讓我更了解自己該怎麼去跟我可愛又可惡的「個人感情」和平共處，下次更能當個理性又表裡如一的人。無論事實如何，也只能這樣安慰自己囉。

結論不管怎樣都是退股，但有些事情好玩，其實就算無償，我還是會去做。那部分就是我的個人感情。

只是這次退出，很多事是在情感上早就踏過底線。照我以前個性其實根本無須多言，要翻就徹底翻。但現在知道自己沒本錢、沒後盾也沒那個精力去跟人撕破臉，所以變龜了吧？跟朋友共事，可能真的不如想像中那麼浪漫。

「相信」這件事沒有錯，甚至他有時候是個比較難的選項，但之後我還是會選擇「相信」吧！只是要休息一下。等我再去把火影翻一遍看看鳴人的相信我之術怎麼發威，可能又會有新的領悟也不一定。

● 追記：鬱鬱寡歡的中產階級第二代們

在寫這篇文章的時候非常剛好，從美國要飛回台灣的小學同學來找我喝酒聊天。

喝完酒又散步，兩個長舌的老男人就像當年一樣這樣聊了幾小時，從中正區走到大安區，現在又走到豐島區，跨了一個海，過了二十年，唯一沒變的，就是話還是一樣多。他說道：「我發現我們這群人都有一個共通點，就是不太會分辨一個組織裡或是一群人裡頭誰是誰。」

從這裡我們就聊了起來，聊起當兵。聊到他在醫院遇到長官還不知道他是誰。我在外島快退的時候本部還什麼大官來我也不知道誰是誰。他的結論是：「大概我們這群人從小到大都不用看人臉色，所以久了就這樣吧！」我回道：「其實一直以來我會很注意新接觸的團體是誰帶頭，但在我一直以來的習慣，就是遇到帶頭的，我反而不會讓。…至於那個本部長官～跟我們不同團體所以不算啦！」也不是說我會去跟帶頭的人硬碰硬（小時候比較白爛或許會），而是不會表現自己在對方之下，除非是對方的專業讓我折服；退一步說，我也會給長輩面子，只是我給厲害的人面子會更多。背後你不把我當個角色，我也沒必要把你當個人物。當然做業務以來看過形形色色的人，禮貌尊重是一定要，只是彼此在對方心中是什麼地位，大家自有拿捏。

低潮時跟找了幾個朋友一起開了臉書專頁，那段在東京到處拍照採訪的日子現在也還歷歷在目。

中產階級真的是一個很微妙的階級。我們的家庭可能曾經是富裕層，到現在大家也沒窮到哪。只是往上比，永遠有超有錢人，而且不乏會出現在我們生活圈內。比下，卻好像也沒那麼糟，甚至還算爽。正因為是這樣的我們，剝奪感更重。因為這幾年來，我們經歷的只有失去。

比我們更慘的太多了，只是一直覺得自己在失去，那感覺很差。工作再怎麼拼，家裡一出事，崩壞的速度可以幹掉十個同時工作的自己賺錢速度。說籌碼我們不是沒有，但是人生這場賭局，要怎麼拿不斷變少的籌碼去打一副好牌？

心理上的急躁，就已經讓人居於劣勢，此刻怎麼找到優勢？夥伴，還有舞台真的是太重要了。一般人眼裡什麼好吃的我們沒吃過？什麼想玩的我們沒玩過？撇除新聞等級的誇張炫富行為，有哪些東西我們玩不起？

我的人生從出生就信奉著該追求爽，人生只有一次，不爽要幹嘛？

後來我了解到為了爽一輩子，就要知道自己喜歡過什麼樣的日子。而社會身份在人的生命中可說是探討一切問題的出發點，不先定義自己是誰，怎麼定義接下來的事？

我是設計師、你是工程師、他是醫生，每個人脫離學生身份都有個自己的位置。找不到自己位置的人，會非常的虛，也會漸漸喪失自信跟動力。這種空虛會轉變成負面的情緒跟能量，到最後甚至會傷害身邊的人。這種事情層出不窮。

人需要勞動，沒有勞動，體內累積的能量無法發散，而最後那股能量的發洩方式，通常都不是大家樂見的。當然我盡可能不想傷害別人啦。只是自己投入全心全力去衝刺的事業，卻突然沒了。目前進入一個很虛的狀態罷了。

又聊到「狼性」，聊回業務這件事，

還記得上次回台灣時，約了我們另一個國小女同學。不知怎麼她也進入保險業當起了業

務。當時聊到她常講錯話，我則說自己是常犯話多的大忌。我們這個階級的孩子現在也都長大了，不得不承認大家都相對被保護得比較好。那種十幾歲就出來跑的人，不管社會磨練，對成功還有金錢的渴望，都比我們強太多。我們出道比人晚，還夢想著要賺錢也能不失品格這談何容易？一般都是先有錢才有理想，不過如果沒有一開始想盡辦法追求錢的過程就要追逐理想，那很多做法想法就會太過浪漫。如何斟酌現實跟夢想的平衡點，同時又能賺到錢更是一大難題。要知道實現夢想是要付費的，想要一開始就賺錢又達到理想談何容易？甚至有點不合常理吧！

但再不合常理的事也有其道理存在，就讓我們繼續尋找吧！最後引用一句光速蒙面俠21裡面我很喜歡的台詞「在獅群裡無論多平凡的雄性都擁有挑戰首領的資格，在一輩子裡你都可以選擇使用還是放棄。」無論怎樣，我還是想挑戰。從上了某升學國中開始一路到現在，已經切身體會到自己出生拿的並不是一副好牌。環顧身邊眾多勝利組們，我真的平凡到令人不屑一顧。但就算拿著一手爛牌，我還是要找出最強的打法！ 廢物也有廢物能做的事！那就是用盡渾身解數證明自己不是廢物。

就這樣，遭逢失敗跌落人生低谷，甚至一度考慮回台或轉戰其他國家當個上班族安穩度過一輩子的我，如前文所述獲得了一個到地方工作的邀約。

詳情就讓我再下一章繼續娓娓道來吧。

### 資料補充

東日本大震災：指日本在 2011 年 3 月 11 日發生在東北地方太平洋近海地震、以及伴隨而來的巨大海嘯與餘震所引發的大規模災害。受災地區主要集中在東北、北海道、關東等日本東部地區，尤其是距離在震央最近的福島縣、岩手縣、宮城縣，這 3 縣的沿海地區都遭到了巨大海嘯襲擊，有些大部分的距離海岸數公里的地區也被海嘯給淹沒，讓許多沿海城市與人造設施都遭到摧毀，僅宮城縣罹難人數以及失蹤人數接近為 11,000人，經濟損失更是難以估量。不僅如此，巨大海嘯也還導致福島第一核電站事故的發生，這些狀況讓得該震災成為日本歷史上傷亡最慘重、經濟損失最嚴重的自然災害之一。後

續引發的社會議題除了災害預防、災後重建、反核、全民省電運動與各種哲學上的反思外，外國人勞動者與留學生當時恐慌性的大量撤離，也埋下了日本人與外國人間不信任的種子。受震災影響而低迷的房市也在海外投資客中掀起一陣風潮。（以上部分引用自維基百科）

北野武：北野武（日語：北野 武／Kitano Takeshi）是日本搞笑藝人，東京都足立區島根出身。原本與兼子二郎以搞笑二人組「Two Beat」的名義活動，後來身兼電影導演、演員、電視節目主持人，並因電影導演身份使其國際知名度大開。在時報出版的《超思考》一書中，對貧富與金錢外的價值有一番論述與見解。（以上部分引用自維基百科）

未來學：（英語：Futures Studies 或 Futurology）是一個綜合性研究人類重大領域的未來趨勢、可能圖景、面臨的挑戰、應當採取的對策等內容的新學科。未來學也研究預測未來的科學方法。一般而言，它可以被認為是社會科學的一個分支。未來學關注的是一個更大，更複雜的世界系統。與自然科學甚至社會科學相比，其方法論和知識的驗證要少得多。關於這門學科是一門藝術還是一門科學存在爭議，但已越來越成為主流。（摘自維基百科）

艾力克爸爸的賢者之石：出自漫畫《鋼之鍊金術士》。為避免劇透請自行閱讀該作品。

青眼白龍：出自漫畫作品遊戲王。為傳說中的決鬥卡。

豐島區：東京都 23 個特別行政區之一，內含池袋、巢鴨與目白等著名地區，在 2014 被列為消滅可能性都市，是在東京都 23 區中很特殊的例子。作者長居於此。

狼性：某個時期網路上流傳中國青年充滿鬥爭心跟上進心因此人才輩出。相較台灣青年安於現狀，中國的青年此一特質網路上以「狼性」來形容，也常帶有諷刺對方為達目的不擇手段的意涵在內。

光速蒙面俠 21：漫畫作品，內容描述弱小的美式足球隊如何屢屢打敗強敵取勝。

# 第 1 章
# 與 NCL 相遇

## ●● 1. 謎般的組織

那年，就在秋季即將結束，天氣逐漸轉涼時，我在東京經歷
了前所未有的衝擊，創業夥伴出爾反爾導致拆夥，自己正面
臨著該獨自扛起公司繼續尋找下個業務、抑或乖乖找工作當
回上班族的終極選擇。

當年在諸多不可抗力因素與妥協下踏上這片土地，來日本發
展的理由，不如其他人因追夢而來那般浪漫；那幾年只要有
人說：「恭喜你實現夢想去了日本啊！」，就會踩到我地雷。
大概很多人以為愛看漫畫打電動、又會點日文的人夢想就是
去日本，但事實不然。

至少這情境不能套在我身上。

而當時原訂計畫是在日本取得學歷後，如果找不到中意的工
作就回台灣，總之我也像某些年近三十才出國的人們，抱著
某些苦衷、逃避著某些東西才來到日本。

但沒想到這樣一年一年過，也累積了些光怪陸離的經歷——
可惜都不是寫在履歷表上可以加分那種。在東京經歷過設計

照片來源：西花 優希（にしはな ゆうき）

業跟房仲業，無論哪個都曾經是我在台灣時理想的工作；後來跟朋友開了公司，也算實現了以前「跟夥伴一起打拼」的夢想。回想起來，在日本沒有一年平順安穩，永遠有新挑戰，也不知道自己能撐到什麼時候。跟身邊同齡友人們相比，我的人生似乎跟安定無緣，其中公司拆夥這跤尤其摔得重，也一度讓我對人性失望。

就在那個失落迷惘的當下，某位老友來了聯絡，談到手上有個台日交流的工作機會，雖然地點在鄉下，但是一個月只要去幾天，其他日子照樣可以待在東京。那時我覺得這份工作很詭異，而且台日交流這四個字也太曖昧，尤其當時我對某些打著台日友好就出來用劣質活動騙吃騙喝的人很不屑，因此在第一時間沒有認真回應。

過了一陣子行屍走肉般生活後，某天心血來潮開啟了那位朋友的訊息，也 google 了她說在招募人才的組織；點進官網，雖然有中文選項，但中文日文說明都讓人讀得一頭霧水，後資本主義社會？構築在資本主義上新的作業系統？雖然頭腦可以理解，但是既有的生活經驗跟知識，完全沒辦法讓我理解這個組織到底在做什麼。

這時有趣的事來了。

友人轉達在徵人的組織專案「HUB 台灣」合作夥伴看來眼熟，找了一下資料以後發現我的直覺果然沒錯！不就是幾年前朋友介紹那個跩個二五八萬的傢伙嗎？記得當時幫某位友人店舖做視覺設計，而這位合作夥伴正好是那家店的常客，透過友人介紹，當下雖然打了照面，但對方除了有種距離感，還令人覺得不可一世。

當時沒有交換聯絡方式，數年後我也完全忘了這個人，不過她的存在，至少證明了組織應該不是詐騙集團。嗯…除非她也是詐騙集團的一員。

經過一番打聽後，除了知道這組織大概不是詐騙集團外，得到的資訊只有他們被日本財團（註）選為「創造日本未來的 10 個計畫」之一，並透過該財團的「社會創新者支援制度」拿到了三億日幣的輔助款，目標是實現後資本主義社會。組織在日本各地有很多據點，但我對於什麼是後資本主義社會、那麼多專案在做什麼、這份工作內容到底是什

麼等等疑問，在看完資料還是一頭
霧水。

只是等待也不會有任何進展，我那
時決定直接參加組織招募說明會。
但不巧，當時查到的公開說明會已
經結束，只好動用關係聯絡傳來募
集資訊的友人，經由她找到招募負
責人，也就是在徵人的專案「HUB
台灣」現任負責人。

在東京鐵塔還比晴空塔有名的房仲時代，就最後資料看來，
我至少看過日本首都圈合計上百個物件，為了在台灣召開投
資說明會，也讀過很多跟日本經濟、建設計畫相關的資料。
但自認對日本社會略有了解的我，卻完全搞不懂這個組織想
要做什麼。

對方了解我的來意跟經歷後，積極
地表示可以線上開一場說明會解釋
組織在做的事，並回答我所有疑問。線上說明會以一對一的視訊簡報方式進行，內容跟
官方網站上大同小異，我的問題對方也一五一十做出說明，但對於具體計畫內容，對方
的回答卻四兩撥千斤般閃開了重點，聽完還是一頭霧水。問答中充滿什麼「後資本主義
社會」、「建立新的作業系統」等詞，一時間資訊量太大，分析後卻無法用我三十幾年
人生經驗來拼湊出這整件事的全貌。

這個狀況有點不可思議，人活到了 30 歲後，對世界上的多數事物不懂應該也知道個大
概。這造成了 30 歲以後的我們，理解新事物不是靠學習，而是靠過去經驗跟認知先去
試著拼湊出新知識的雛形，再從那個基礎上去延展（以上只是個人見解）。

但若沒辦法透過自己的經驗將未接觸過的新事物拼湊出一個輪廓，那就算理解了，心理
上也很難接受。就像當時的我一樣，似乎聽得懂卻沒辦法體會，也無法在腦海中描繪出
任何畫面。

## ●● 2. 何謂後資本主義社會？ NCL 組織架構

二十世紀末邁向二十一世紀的轉型社會，依照管理大師杜拉克（Peter F. Drucker）的說法，是資本主義社會凋零，知識社會（knowledge society）正在取而代之的「後資本主義社會」。也就是知識社會的生產工具，不再依賴傳統經濟中的資本、勞工或土地。知識社會中知識工人應用知識解決問題時，所激發的生產力或創新力，會取代資本和勞工，成為最重要的基本經濟資源。

以上說明摘錄自國家教育研究院，其實只要上網鍵入「後資本主義社會」的關鍵字，就會出現一大堆看起來令人似懂非懂的解釋。雖然寫的是中文，但讀了卻沒辦法完全理解內涵。

就上一段節錄的來探討：「知識將取代資本、勞工與土地」若套用在現代社會似乎不可能，因為掌權的人不是掌握有莫大的資本、就是廣大的土地，這兩種東西在現代社會的價值可以說不可動搖，那我們要怎麼用知識去撼動這個社會結構？若放縱其無止盡發展，貧富差距造成的族群對立，以及間接觸發的種種社會問題，將一發不可收拾。甚至可以說現在要收拾殘局可能已經無從下手。

如果不仰賴貨幣，那勢必需要一種新的交易手段，若要把土地價值降低，可能需要靠國家或原持有人以極低價格提供大家使用，這牽扯到很多社會結構面的問題，如同大家所知，社會利益是環環相扣，想與之對抗談何容易。雖然各種不可解的問題充斥在腦海中，但此時我已經在寫應徵用的簡歷了。

「我看你們徵人期限過了欸？」「沒關係啦！你就先寫，明天早上以前給我，我馬上幫你處理。」這時候我再次體悟找工作真的要靠介紹，一個對的時機加上對的推薦人，比在徵人網站上折騰半天有效率多了。雖然有點趕鴨子上架，但這份工作也正好讓跟事業受挫的我有個理由逃離東京。

當時我對組織的願景與模式並不是非常了解，但現在，在經歷了數次線上線下的說明，

我也比組織中一般行政人員或其他專案負責人還要熟悉該如何跟大家介紹了。所謂實現後資本主義的組織究竟在做些什麼呢？以下就從組織的初期模式開始為各位說明。（右側圖片摘自 NCL 官方網站）

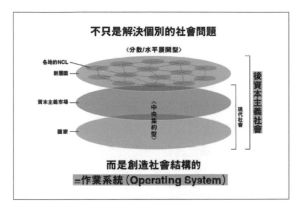

創造一個依附在資本主義市場跟國家體制下的作業系統就是組織初期構想，第一眼看到時我還不理解為什麼這張簡報要強調系統依附在資本主義市場與國家之下，大約過了一年後，我才了解，組織應該為了跟某些對現代社會失望的嬉皮離世成立的生態村等團體做區隔，才強調自己是依附在資本主義市場與國家之下。但那些嬉皮所成立的社群，有些因為

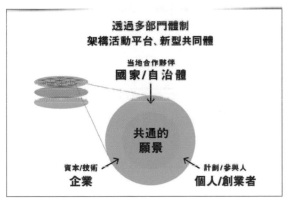

高科技人才與各界專家加入，也在近年逐漸受到矚目，可謂社會創新界另一股勢力（但在網路上不是很好搜尋到相關資料）。

而在這個後資本主義的作業系統中有三個角色，『國家／自治體（地方政府）』、『企業』『個人』透過這三個角色各自的願景來組成。國家希望解決都市集中而衍生出的人口老化等問題，而企業有社會責任需要執行、另外也希望從中發現新的商業模式，而個人懷有不同的技能與理想，透過這三個角色共享資源、各司其職，便促成這個作業系統的雛形。

在一對一說明會中，專員有一句話深深打動我「現在國家希望大家移居到鄉下，都在主

打好山好水、吃好住好,但那是養老的生活;年輕人重視的應該不是去那裡可以跟誰做些什麼?實現怎樣的願景。」

具體上組織是如何跟政府合作呢?這就要講到總務省(相當於台灣內政部)於 2009 年開始的「地域振興協力隊」制度,這個制度簡單來說就是提供預算鼓勵青年移居至地方。而對自治體(地方政府)而言,中央祭出此一政策,給予各地政府非常大的彈性,只要有需要即可申請此經費從都市聘用人才到當地工作三年。

但也因此很多自治體聘了人卻不知道要怎麼用,最後淪為地方政府打雜的約聘人員,在此情況下,連任期都待不滿就辭職的人也不在少數。

而 NCL 便是利用此一制度進入地方,進而構築所謂後資本主義社會的作業系統。

在接受地方政府合作邀請後,組織會派人實地進行田野調查,而在當中地方政府也會提出本身發展方向並介紹當地有力人士進行協助,而條件漸漸湊齊後,組織會針對各地資源與政府發展需求等條件提出一個大主題與 10 個專案,並以團隊形式進入地方發展,並設立據點。而同時地方政府則向總務省以「地域振興協力隊」名義申請預算,以聘請 NCL 整個團隊。

另外每個專案都有一位在地合作夥伴(當地相關產業人士)負責共同經營,除了面試第一關需要經過在地夥伴審查外,實際進入地方後,專案執行及規劃上的大小問題都會由在地夥伴進行協助。

而除了不在組織編制內的

在地夥伴，另一個重要職務就是「事務局」。以台灣較熟悉的語彙來說明，他們身兼了行政與專案經理的角色，同時要輔導各個專案進行、幫專案間做橫向連結、也負責組織各據點間聯繫、跟其他在地組織宣傳各專案內容、另外對地方政府進行彙報、處理負責繁瑣的文書及核

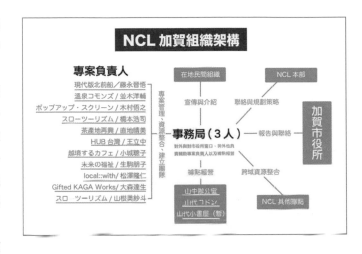

銷作業與經營據點都在工作範圍內，也可以說沒有他們存在，各個專案負責人其實就跟人多數協力隊員沒有兩樣。（上圖為 2018 年的組織配置）

NCL 組織架構非常倚重事務局的存在，少了事務局的對內對外聯絡與資源整合功能可以說與一般協力隊沒有兩樣。

此模式在 2017 年同時在日本九個地方政府展開，透過如此大規模的據點建立，便開始了 NCL 後資本主義社會作業系統的啟動。

每個據點都有專案、有居住空間、也有事先調查好的當地情報、配合的地方政府與民間組織，而本部則負責管理人才資料庫，讓每個參加者，都可以隨時到自己想去的地方做自己想做的專案，這就是 NCL 初步計畫。

## ●● 3. 特殊的專案「HUB 台灣」

「你可以不用放棄東京的生活,每個月只要在加賀待一下,其他時間可以專心留在東京做台日交流的專案,至於市役所(相當於市公所)那邊事務局會負責說服他們這個專案最終會是對地方有益的,不用把人一直綁在那裡。」這是一開始在錄取後聽到東京本部事務局對我說的,但幾個月後發現現實完全不是這麼回事。

專案「HUB 台灣」成立背景跟其他專案有個極大不同點,就是這個專案在本部跟加賀市接洽以前就已存在,就我後來理解,當時需要一筆經費聘一個負責人來把計畫內容延續下去,而我就是那個人。

加賀市市長是非常親台的一位政治人物,之前也陸續與台南、高雄、桃園締結為姊妹都市,而另外以溫泉著名的加賀市有七成外國觀光客來自台灣,在此一背景下,促成了本部將 HUB 台灣這個專案綁在加賀市一事。

在到任第一年某一天我曾經問過某個事務局:「做地方創生的團體那麼多,你覺得我們的強項是什麼?」他沉默了一下,說:「大概就是我們廣告跟設計人才很多吧?」嗯,他說的沒錯,廣告人負責把文案寫的撲朔迷離、引人入勝,噱頭十足,但同時很多專案內容卻讓人讀了也完全搞不懂具體在做些什麼。所有專案都要靠專案負責人的想像力與在地夥伴協調來慢慢實現,專案主題只給了一點點線索,正因如此,專案發揮空間大,也因為發揮空間太大了,中途宣告終止的也不在少數。

比如打造人類跟貓咪共同生活社會的貓咪市役所計畫,在地合作夥伴是當地市長,但是將來的商業模式,還有具體而言要做些什麼,讓人讀完徵人文案後完全一頭霧水。而這些異想天開的專案在招募人才時,都會要求應徵者提出具體實踐方案,以我所在的加賀市來說,第一關是在地夥伴線上面試、而第二關由市役所主管負責,最後一關則是由市長進行面試。

前文也提到 HUB 台灣跟多數專案不同的地方是:它是一個既存,而且進行到一半的專

案，因此我到任第一件事不是從零開始規劃與實踐，而是與前任負責人交接與協助現階段計畫進行。

至於這個專案的最終目的則是：打造台日創業家能自由合作的跨國創業媒合平台。

但具體內容要做些什麼？除了前任已經接下的台灣法人單位與大學委託以外，我還看不到計畫的具體方向。如果只是靠接參訪跟跨國工作坊賺錢，那算不上一個完整個模式，充其量只是組織的某一項業務內容，若要打造平台、建立模式，那這些是遠遠不夠的。

「那之後不夠的部分怎麼辦呢？」我曾這麼問道，「不夠的部分就一起想啊！」負責人回答道。但當我真正理解她話中意涵，也已經是一年以後的事了。

## ●● 4.HUB 台灣與我

組織一開始就強調兩件事「做你真正想做的事」、「據點間與成員間沒有上下關係」，因此雖然我接手 HUB 台灣這個計畫，但對於本部的要求，我可以回絕，而據點跟據點間，以及據點與本部間關係也是對等的。

雖然理想上如此，但後來因為金錢與工作上的委託關係，還是發展出了潛在的上下關係。比如地方據點事務局希望從本部拿到經費，或是工作依賴，甚至希望三年協力隊任期結束後能直接被本部續聘，因此自然形成了本部事務局與分部事務局上對下的關係。

而我與專案前任負責人針對專案要怎麼進行也協調許久，在三年任期內我個人希望第一年先接手本部工作，第二年專心熟添加賀發展人脈，第三年再發展商業模式。但前任希望我第一年同時接手本部工作與發展加賀人脈，第二年發展商業模式、第三年則是穩定商業模式開始跑業務。

一開始反對原因是擔心自己能力不足，兩邊都搞砸，但當時 HUB 台灣原本的計畫早已經排好時間，就等我接手，似乎也沒有選擇餘地。另外加賀這邊，在到任沒多久，我很快就知道在地事務局沒有能力說服市役所 HUB 台灣在東京與台灣的活動內容對加賀市有幫助，也因此我需要在協力隊規定的時數內規劃與執行在加賀市內的工作，再利用其餘日數飛往東京、台灣甚至是大阪、遠野等地完成本部交付的任務。

赴任時很不巧遇上 30 幾年一次的雪災，積雪最深高達 170 公分，而我就在還沒安頓好新家的狀態下要拖著行李箱徒步穿越雪地，前往東京大阪與台灣等地執行組織交付的第一個任務。

不過知道這些，都是後來的事了。

另一條主線：在資本主義社會外尋找自我價值

剛結束一段傷心回憶，決定投入毫不熟悉的社會創新業界並奔向地方前，開始雖是憑藉一股衝勁，但當時剛退出房地產界的我，在填完履歷送出前，還是習慣性看著加賀的房價，還有那些即將開始的公共建設計畫、觀光人口、產業結構分析等等資料。

「重要的是去哪裡跟誰做些什麼事。」HUB 台灣前負責人這句話到現在也深深烙在我心中。有什麼理由非留在東京不可嗎？有什麼理由非活在世上不可嗎？從小我就知道人生的意義需要自己定義，快樂是存在自己心中，而不是別人口中，但隨著年歲增長，不知不覺我也盲目走向了大眾定義的成功之路，過程中也了解到自己並不是一個適合走這條路的人。

隨著各種得到與失去，很多事內心也漸漸了有答案。

首先要有夥伴，然後要有願景，最後就看大家的本事能把夢想實現到哪一步。「跟夥伴成就一番事業」這件事很早就存在我理想中的人生繪圖中。但那個願景是什麼？我心中真正期望又是什麼？這問題不斷困惑著我。人生的意義、理想的生活、自己在社會上的位置、資本主義社會的下一步，這一切解答都在地方。而當時的我也完全沒想到，離開東京後會展開一場如此神奇的旅程。

## 資料補充

地方：指日本三大都市圈以外的地方。三大都市圈包含首都圈、近畿圈與中京圈。
自治體：日本都道府縣市區町村內的最高行政機關，類似台灣地方政府。但因為有自由規劃使用部分稅金的權利，因此在政策靈活度上較為自由。

地域振興協力隊：2008 年由日本總務省開始的制度。任期最多三年，由地方自治體進行招募，總務省提供經費的形式執行。主要目的為促使都市人才移居地方，並藉由隊員的活動內容發展地方品牌與強化地方競爭力。總務省對此提供每人每年 200~250 萬日圓作為薪水，另外每年提供每人 150~200 萬日圓作為活動經費。招募對象原則為戶籍由都市遷至地方之人才，另外詳細招募條件、職缺與薪資，各自治體皆有不同。根據 2015 年總務省資料統計，隊員的四成為女性，八成為 20 至 40 歲的青壯年人口，任期結束後有五成留在赴任當地定居，一成至周邊地域定居。而在赴任地定居者中有五成就業、兩成就農或創業。隊員們在任期內的協力活動包含了農林水產業、環境保育活動、醫療社會福利相關產業、觀光業、教育業與社區營造等。另外以協力隊為主題的日劇有兩部，一部是由生田斗真、真木陽子與桐谷健太等人主演的「遲開的向日葵」與另一部由賈地谷朵主演的長崎地域連續劇。

NextCommonsLab：一般社團法人 Next Commons Lab（以下簡記為 NCL）的目的是利用地區資源開創新事業，進而建立多領域創新活動平台，是新型的創新共同體。在日本各地有著不同的行動與事業規劃，包括發掘和重整地域資源、招募與培養跨領域合作夥伴和創業家、籌建地區工作據點等。另外除了自治體、也與大型企業及國營企業進行合作專案。代表林篤志於 2016 年日本財團社會創新論壇中得到優秀獎並獲得三年三億

日幣的資助（部分資訊來自 NextCommonsLab 官方網站之公開資訊）。

日本財團：The Nippon Foundation，為日本的公益財團法人，是由公營競技中的競艇收益為財源，資助各種公益、社會創新、環保、教育與慈善活動。

後資本主義社會：後資本主義是人類社會繼資本主義而起的發展趨向。就人類社會的發展而言，十三世紀是希臘城邦的世紀，十五世紀是活字印刷發明的世紀，十八世紀是蒸汽引擎改良的世紀，二十世紀則是資本主義的世紀；二十世紀末邁向二十一世紀的轉型社會，依照管理大師杜拉克（Peter F. Drucker）的說法，則是資本主義社會凋零，知識社會（knowledge society）正在取而代之的「後資本主義社會」。

杜拉克認為知識社會的生產工具，不再依賴傳統經濟中的資本、勞工或土地。知識社會中知識工人應用知識解決問題時，所激發的生產力或創新力，會取代資本和勞工，成為最重要的基本經濟資源。在後資本主義社會中，知識管理階層知道如何最有效運用有限的知識資源，就像資本家知道如何有效利用資本一般。

十九世紀資本主義的觀念，認為員工需要企業遠超過企業需要員工的程度，資本主義中的工人依賴機器，但在知識社會，員工依附組織的現象將成為歷史，知識社會中工人和機器的關係是互相依賴，唇亡齒寒的關係。

十九世紀的工業革命造成資本主義的勃興，也帶來歐洲社會貧富的懸殊，激發了達爾文（C. Darwin）的物競天擇論，啟示了馬克斯（K. Marx）階級鬥爭說。後資本主義社會中，可能的發展是多元化，自主化的權力中心興起，社會是由勢力漸強的各種組織所構成。現代社會中專業分工而勢力強大的組織如企業、醫院、教會、學校彼此競爭，各有其專業觀點的執著與自信，亦有其本位的狹隘使命或責任。因此組織和社會間可能的衝突將日益升高，人類相互尊重彼此合作的需要亦將更為迫切（資料來源：國家教育研究院）。

# 第 **2** 章
# 門外漢跨入社會創新界的第一份工作

## ●● 1. 初訪加賀市

在東京經過了兩次視訊面試以及專案內容初步協調，總算來
到由公部門長官親自面試的最後一關。

第一次自己拖著行李箱搭上羽田機場國內線，短短一小時飛
航時間，轉眼我已從燈紅酒綠的不夜城東京都池袋，踏入寒
風刺骨的雪國石川縣空中玄關小松。

抵達小松機場時發現佔地比東京某些車站都還小，著實令我
有些吃驚。路過恐龍模型時它突如其來的吼聲跟動作也讓我
吃了一驚。恐龍下面看板上寫著「恐龍王國福井」幾個字。
查了資料才知道，原來福井挖到很多恐龍化石，於是就把它
當做都市特色，還設立了聞名全國的恐龍博物館。

想當年侏羅紀公園在台灣紅極一時，恐龍在小學生間也蔚為
風潮，但隨著年紀增長，看到恐龍反倒有種年代感。接下來
從小松機場沒有電車可以到小松車站這點也頗令我吃驚。更
令人吃驚的是這裡連電車都沒有，搭乘公車也只能買票，不
是像東京公車可以刷交通系卡片（泛指 suica、pasmo 等電
車儲值卡）來付費。

到了小松市，宛如東京吉祥寺般的大型商店街整條倒閉鐵門深鎖，第一次看到所謂鐵捲門商店街（註）也著實令我吃驚，看來這趟日本台男好吃驚的外景才剛開始。

第二天起了個大早，整理儀容穿上西裝，準備迎接即將到來的面試。歷經短暫的電車之旅，我到達加賀市役所所在的大聖寺站。

這車站面積跟沒有自動閘門的檢票口，幾個老人在門口看似正等待迎接回鄉的晚輩，一切光景讓我想到高雄楠梓火車站，不過這裡比楠梓蕭條大概一萬倍吧？想想楠梓還真繁榮欸，除了偶爾有夜市可以逛，還有美食廣場，沒事做還有八辣台可以打，相較之下大聖寺雖然已經是百年老站，但周邊什麼都沒有，蕭條感十足。

路上人煙稀少，只見偶爾有老人路過。穿著西裝的我在街道上顯得異常顯眼，原本「找個咖啡廳坐一下等到面試時間再慢慢晃去區役所計畫」隨著路上雪白景色幻滅。放眼望去，雪、車、偶爾有人，然後就沒了，連 google 地圖上都沒什麼地標。

懷著「車站旁邊一定會有餐廳或咖啡廳」這種東京迷思的我被現實狠狠賞了一巴掌。於是改變主意決定先前往市役所大廳找個位子坐，稍微熟悉一下環境，然後慢慢複習一下面試資料。

拖著行李在 11 月的風雪中走了一陣，行李箱在雪地裡有夠難拖！終於抵達了加賀市役所，而且裡面居然是暗的！「啊！今天禮拜六所以沒開！！」習慣東京的我又一次被打臉「原來少了假日的便民服務是那麼不便啊！」正當我還沒反應過來時旁邊窗口傳來一個聲音「請問有什麼事嗎？」原來是警衛室裡的值班職員。「不好意思，我來參加今天下午的面試，因為附近都沒有地方可以坐，所以先來看看。」
「下午的面試？不好意思可以請教一下是哪個部署的面試嗎？」
「是地域振興相關的計畫，聽說面試完之後會由市長親自面試。」
「誒？不好意思，上面沒有交代欸！請您稍等一下。」
「好的。」怎麼回事啊！！我該不會被騙了吧！早就覺得那個組織很奇怪！果然是詐騙集團嗎！！「抱歉，現在還聯絡不到欸，可以請您稍後再來嗎？」

「好的，我知道了。」滿頭霧水的我只好拖著行李箱再度離開市役所。再度頂著風雪到了附近超市買了個便當，卻發現沒有用餐區，只好坐在超市前邊吹著冷風，邊看著駕車前來購物的老人們，邊吃很冰的便當。

吃完後離開超市，總算找到有座位的便利商店，買了一罐熱飲後坐下，此時手機響起「你好你好，不好意思我是這次 NCL 加賀地區事務區的負責人，剛剛接到市役所聯絡聽說您已經到了。」「喔！對啊！我還以為自己是不是搞錯時間了。」
「是今天沒錯，但是市役所的職員大概沒聯絡好吧！哈哈」
「喔！那真是太好了，哈」此時我內心可哈不出來，大概鄉下的步調就是這樣吧？在面試當天早晨日本地方公務員做事步調放風格無疑讓我接受了一場震撼教育。
「不好意思！請問是剛剛的先生嗎？」
「喔？妳是市役所的那位？」
「對對！剛剛已經連絡上了，那下午面試的時候再請您過來喔」
「好，我知道了！是來買午餐嗎？」
「對啊！這附近沒什麼好買的，幾乎都吃便利商店啦！」
「哈哈！那你快點回去休息吧！下午見囉！」
「那我先失禮了！下午見！」

在早上一連串意外後，我反而對下午面試時出現的承辦、課長甚至市長說了什麼印象模糊。


## ●● 2. 第一份工作

初至加賀赴任我就遇上了北陸地區三十幾年來罕見的雪災，最高積雪到達 170 公分以上。在東京過慣了爽日子，剛到任就要處理搬家、買家電、辦理各種手續等雜務，在大雪中更是難以進行，更不用說是工作了。

熱帶島國台灣出生的人們可能很難想像雪災是怎樣的災害。

簡單跟各位介紹一下，在大雪下可能會斷電、這時沒有存糧就會斷糧，因為大雪交通跟物流也通通死亡，然後如果家中暖氣設備全都是靠電力驅動，那有可能會凍死，雪停下來如果不去剷雪，越積越厚，可能會形成冰塊最後被活埋，在雪災中死亡的方法是千百種。

而那種冷究竟有多冷？冷到蓋上棉被皮膚有接觸到空氣的部分都會讓人冷醒，鏟雪時被木頭劃傷，要回到室內體溫漸漸上升痛楚才會隨著血液緩緩流出。出門有時候水會凝結成一層看不到的冰，走不好隨時會跌倒，而在厚厚的積雪中，永遠不知道跌倒會撞到什麼。

到任後的第一個月，因為雪災，石川縣交通網中斷，各處傳出嚴重災情，出門買一包泡麵都困難的情況下，預購的魔物獵人（PS4 遊戲）居然在發售日早上準時送達門口！驚訝之餘我也只能安慰自己至少還有電動陪伴。

然而雪災還沒過去，第一份工作就要開始了。

前文曾提到專案的最終目的是：打造台日創業家能自由合作的跨國創業媒合平台。而這個專案初期已經存在 NCL 東京本社（我配屬算在加賀分部）作為日方合作夥伴，而台灣方面也有合作對象，就連案子都幫忙接好了，我到任只要從幫忙執行既存的專案過程裡學會大家在做些什麼，然後想出商業模式最後創業就好了。

簡單吧？其實難到讓人想自殺。

我的專案跟其他專案出發點不同，因為既存跟已經決定好的事很多，因此在原定計畫中就算有不合理的部分，還是得硬著頭皮做完。這個專案的終點，也跟其他專案的終點一樣，要在三年任期內找出商業模式並且創業。

而原負責人規劃是：先花一年從做中學，了解台灣跟日本社會企業跟社區營造在做些什麼需要什麼專業，同時在這一年培養加賀市的人脈，到第二年之後就可以往顧問業邁進。

沒錯！她說的就是顧問。不知道是我對顧問的想像太高級、還是她太小看顧問了。才進業界一年的人究竟怎麼當顧問？雖然之後也知道一些半瓶水的人在當老師、顧問甚至是評審，但那肯定不是我想成為的角色。就這樣在疑慮與不安中，我開始了第一個專案。雖然執行途中跟原負責人衝突不斷，但回想起來第一份工作的確很適合當時作為社會創新初學者的我。

而那份工作就是帶領台灣各類型社會創新團體組成的參訪團參訪日本各類型的社創團體（註：社會創新（Social Innovation）。是指在以比現有解決方案更好的方式滿足社會需求的新的社會實踐，是例如工作條件，教育，社區發展或健康等產生的）。

## ●● 3. 社會企業與社區營造

這份工作中為了將參訪內容調整得更符合參加者期待，第一件事就是要聯絡參加者、了解他們在做些什麼事，以及在這趟旅程中希望能從日方團體身上知道些什麼。

在日本時先透過網路做了初步聯絡，如果對方方便，我就回台親自拜訪。

某天我利用私人時間來到了某個支援無家者（遊民）的協會想了解他們工作內容。會想去拜訪的原因除了工作上導覽需要了解對方工作內容外，也因為自己出身背景，對於社會邊緣人或多或少有一點接觸，當然最大的因素還是基於「好奇」。自從到日本以來，定居在池袋大概快七年，池袋車站很多無家者，而車站站方跟遊民間也維持著微妙的平衡。

某天我跟朋友聊到「為什麼這裡遊民那麼多啊？」大家瞎扯了一陣之後，我突然想到：其實我連在台灣都不知道遊民是怎麼來的欸？當時就在心中埋下疑問的種子。究竟所謂「無家者」、「遊民」到底是不是如我認知中因為某些行為不見容於資本主義社會所以

被淘汰?那又是怎樣的原因才會造成他們被這個社會淘汰,淪落到無家可歸的地步?是單純運氣不好,抑或是本身行為與觀念無法與社會相容?

以前家人常講「可憐之人必有可恨之處」。經過這二十幾年,確實也看了到一些真實例子。單純因為運氣不好而淪落的人可能存在吧?但實際遇到的「可憐案例」對自己經歷敘述絕對不會講到以前做了多麼可惡的事,只挑好的說。在我內心中這種可憐案例的極致,到最後就是淪落到無家可歸。不過自己內心深處還是默默相信,在某處單純因為運氣不好而墮入深淵的例子是存在的。現實上究竟那些無家者們大多是曾經的混蛋敗類呢?還是運氣不好的人居多呢?也許這次拜訪是想尋找心裡疑問解答的成分居多吧?

「『家』從來不是明確的地址,只是一個心能休息之處。」還記得當年歷經某種程度的顛沛流離,最後只能狼狽地逃到日本時,朋友寄給我的明信片裡這樣寫著。現在再次看到,內心還是一陣酸。我用了幾年才理解跟習慣沒有一個地方能回去有多哀傷,也因此對無家者議題更無法視而不見。

芒草心是一個在萬華幫助無家者的協會,除了支援無家者外,也設計了無家者街頭導覽「街遊」跟實境式遊戲「艋舺走撞」等,幫助社會大眾更了解這個神秘的族群。踏進他們據點,第一個印象就是「這麼熱還可以不開冷氣!?」非營利組織因為想要環保所以都不開冷氣吧?迎接我的是本次預計前往日本參加行程的佳庭,瞎聊了一陣後我也提出了心中疑惑。透過這次訪問我確實得到了一些答案(芒草心工作人員核稿時表示現在已裝冷氣)。

「如果你們幫助的對象,以前真的有做過一些很可惡,怎樣都無法原諒的事,那你們還會選擇幫助他們嗎?」

「我們並不是來進行道德審判的,我們要做的只是幫助有心回歸社會的人回到社會而已。」
「那幫助的過程裡要是他們耍北爛不配合勒?」
「那我們也只能盡力了,其實很多順利離開我們的案例,都待不久,一陣子就可以順利

回歸社會了。問題比較大的會待比較久，或是怎麼輔導都沒辦法，所以社工的工作才會累積那麼多負面能量吧？」

在結束這次日本參訪行程幾個月的一場活動中，另一個貧困者支援團體人生百味的阿德，也提出一個深深烙在我心中的論點。

「那些無家可歸的人並不是沒錢的人，而是失去社會連結的人。」一個人沒有錢，只要還有家人朋友願意幫助他，就不容易流落街頭，但斷絕了這些社會連結就會讓人流離失所。「人在貧窮時便會面臨很多挫折，連結時常是這些挫折與痛苦的來源，人在貧窮時很容易破壞或失去社會連結。」事前電話訪談與登門拜訪只讓我對他們在做的事有了初步認識，但社會連結這個論點卻大大影響了我之後的思考。

不過幫助被排除在資本主義社會系統外的人，再度回到系統中，這符合他們個人期待嗎？或說回歸後的生活真的會是他們想要的嗎？這件事我依舊沒有答案。

還有利用遊戲帶領大學生們走入社會的城市浪人，以及想透過釀酒來解決台灣農業問題的禾餘麥酒等組織，也都令我這個社會創新門外漢印象深刻。

在這個階段，我整理了一次流程，每個參訪據點跟團體都有相對應的組織與分類，但NCL遠野據點有些專案卻完全對不上任何組織。「NCL遠野據點的每個專案都可以算是社會創新，但是通通放在同一個地方就變成社區營造，所以這可以視為一個大型社區營造專案嗎？」「社會創新、報告中常提到的社群營造，還有社區營造之間究竟有什麼關係？」這題在我心中開始有了粗淺的答案。

聯絡完來訪團體之後，回到日本便開始著手聯絡參訪對象，這次行程由我跟前任負責人合作，在日本部分她也給了我很多協助，因此行前規劃上並沒有太多問題。最大問題應該就是她請了一間公司負責做影像紀錄與撰寫中文新聞稿，而在這次工作中除了帶團與處理大小雜事以外，她也希望我在途中偷學怎麼寫新聞稿跟做影像紀錄。雖然我想這兩件事應該沒那麼容易偷學。

經過繁雜的前置作業與行程調整，台灣社會創新團體一行人浩浩蕩蕩來到了 NCL 東京辦公室開始了課程與參訪交錯的緊湊行程。

## ●● 4. 參訪開始

社會企業是什麼？

當時還要上網 google 一下才知道，原來社會企業就是透過解決社會問題來營利的公司。至於社會問題從貧窮、街友、農業、鄉村人口流失、LGBTQ+、居住、能源、教育等等都算是。從有錢人的問題到貧窮人的問題包山包海，當然衍生出的處理方式跟服務或產品在全世界也五花八門。相信那麼多問題裡，一個正常人或多或少會遇到一些。
在社會企業圈子裡高知識份子跟能力強的人很多，簡而言之，就是有一群聰明、喜歡思辨、愛讀書然後捨棄高薪也想為社會盡點心力的人（個人觀點，理性勿戰謝謝），而這群人做的事很有趣，擁有的知識量更是令我驚嘆！

第一天開場講師說了一句話讓我覺得有點印象深刻「自古以來其實社會企業跟一般企業並沒有區隔，因為企業這東西原本就是因應社會需求與解決社會問題而生，只是資本主義社會大家過於商業化，自然忘記了企業的本質。」我聽了之後恍然大悟，在社會企業不賺錢、一般企業不行善（或是行善就會被懷疑）的現代，那麼根本的事我怎麼一直沒注意到？

當初在台灣辦行前說明會時有過這麼一個問題「日本社會企業是怎麼面對一般大眾對自己質疑的聲音？會不會被認為在消費議題？」（就是你們出來做善事幹嘛拿錢？還是你們根本就是想藉做善事這件事來當招牌撈錢？）當時 NCL 代表回答：「其實現在日本已經沒有細分社會企業跟普通企業，所以社會企業這名詞已經不太用了。大家只是正好想到一些模式可以賺錢又可以順便解決社會問題而已。不會特別強調是在行善還是幹

嘛，大家只是做自己想做的事而已。」

這題的答案，我後來也聽台灣某社企前輩說：「企業就是要賺錢，而社會企業越賺錢就會讓這個社會越好，這點是無庸置疑的。」看來對於社會企業賺錢會不會被輿論攻擊這件事大家各有不同解套方式。

現在我的心得是：因為社會企業商業模式獲利有時無法撐起整個架構，就需要靠社會價值來彌補商業價值不足之處，這時就會引起爭議。而社會企業在大眾眼中是做善事的團體，做善事還要拿錢？這點台灣社會似乎不能接受，大家都著重於社會兩個字，而忽視了這些團體本質還是企業，營利是理所當然。

而在日本呢？社會企業 "ソーシャル系企業" 這個名詞非常小眾，認知度也不高，更不用說被攻擊了，除了圈內人以外，很多人連這是什麼都不知道。

## ●● 5. 禾餘麥酒的小川町大冒險

結束了前半段關在 NCL 本部裡的沉悶課程，這天我與負責人兵分兩路，分別前往不同地點。負責人帶領大部隊繼續參訪行程，而我則是跟著禾餘麥酒的阿凱到他事前已經聯絡好位於埼玉的釀酒廠參觀。

像我這種根本不懂酒類的人，看到台灣啤酒就會覺得大概是用台灣的原料釀的吧？（還是全台灣只剩我不知道!？）在坐車途中聽阿凱講解，除了知道「台啤居然不是用台灣原料釀的！」這個震驚的事實以外，也同時也了解了台灣農業作物單一化、農產品無法發揮競爭優勢與有效變現等等困境。

此時參訪之旅也到了第三天，我跟阿凱兩人懷著遠足的心情搭上東武東上線。這條從池

袋出發的私鐵是由東武集團經營，途中比較有名的站有：傳說中的小江戶「川越」，還有小叮噹跟大雄的家「練馬」等等。一路坐到終點站「小川町」，正當覺得屁股痛時，電車也剛好抵達，多數人在川越、成增等大站幾乎都下車了，因此終點站下車乘客極少。

「天氣好好喔喔喔！！太好了總算不用關在教室裡聽課啦啊啊啊啊！！」經過前面一連串各公司代表們分享以後，可以到戶外透透氣，心情真像小學生遠足。一出車站除了街道旁兩列矮房子還有好到不行的天氣，此外什麼都沒有。

「欸！我今天沒帶腦袋出門欸！阿凱哥靠你了！」衰洨的阿凱遇到我這個兩光的伴遊只好學習當個自立自強的大人，這次行前規劃時，酒廠部分是他們自己挑的，也因此阿凱對相關資訊很熟悉。

目的地離車站不遠，往房子的縫中間鑽過去，一出來馬上就看到了小小一家店，店門口招牌大大掛著 Craft Beer 幾個大字，而旁邊看起來快爛掉的木頭招牌則寫著「麥雜穀工房」。

「他寫準備中欸？」
「怎麼辦？但是已經到預約時間了欸？」
「好啦！那我上了！」硬是推開門的我說「不好意思，我是 NCL 的專案負責人，敝姓王，今天有跟你們預約了下午的時段的參訪。」
「喔喔你們好！請進！敝姓鈴木。」原來鈴木先生夫婦已經在店內久候多時了。身高應該有 180 公分的鈴木先生就像宮崎駿卡通裡常出現的大叔一樣，留著大鬍子，但是眼神很溫柔，鈴木太太也一臉和善親切，這兩個人站在小酒店裡真的就完全是一幅畫，感覺自己走進去瞬

小川町站前街景。

木板招牌上的字非常不明顯。

雜麥穀工坊店內照片。

間那幅畫就毀了。

一陣自我介紹、交換名片跟閒聊後，鈴木先生說「那等一下就請我岳父帶你們去看看田，然後回來店裡吃點東西邊喝邊聊吧！」

店內陳列雜而不亂，也有很多雜誌跟節目來取材的照片，聽阿凱說似乎有放一些很厲害的酒？這部分我完全是外行。開著車子載我們去看田的是這裡的第一代主人馬場先生，女兒嫁出去以後還帶回一個女婿繼承啤酒事業！女兒 GOOD JOB!

上車沒多久，彷彿瞬間置身桃花源，眼前是被群山包圍的田野與清澈溪流，這片一望無際的綠，透過文字跟照片很難傳達，尤其是我們離開車站跟都市才沒多久，就經歷這樣的景色轉變，實在令人驚艷。

「這在台灣大概要去花蓮那邊才看得到吧？」
「我好像沒去過花蓮欸？」
「日本的田地真的很漂亮很方正，這樣一塊一塊方方正正的也讓大型機具好作業，台灣的話有些地方田地不方正，機器作業起來效率就會很差」就這樣我邊翻譯邊跟馬場先生還有阿凱閒聊著，也學到一些農業的小常識。

「這裡是有機農業的村子喔！」馬場先生介紹著「因為日本有機農業的標準很嚴格，所以要是不全村一起的話很難做起來，台灣有機農業也有標準嗎？」阿凱回答道「台灣有機農標準也很嚴格，要是隔壁的田或是灌溉水不符合標準，然後有接觸到就不合格了。這裡能這樣呼籲大家一起弄也很不簡單欸！」馬場先生接著回答「日本人沒什麼好處，就是沒個性啦！一個人提議要做什麼，沒什麼人會反抗。」大家邊開車邊繼續聊「不過去年種的麥子還剩一大堆在倉庫裡欸！」馬場先生說道。阿凱問「是因為種太多嗎？」「唉～因為我們有在做啤酒嘛，所以那些簽約的農家自以為我們會賣很多就擅自多種了，明明契約裡就沒寫啊～你們台灣的農家應該不會擅自做這種事吧？唉！所以說我們這邊吼～」我看了一下阿凱「台灣農家喔～」兩人笑而不語，看來每個國家都有各自的問題。

「這個圍欄有通電，要小心喔！」
「請問一下這是用來防什麼啊？」
「這個是用來防止野獸偷吃作物的啊！台灣沒有嗎？」
「我們台灣可能要防止人家來偷比較多吧？」
「哈哈哈哈！台灣果然有趣啊！」阿凱跟馬場先生邊聊邊逛。馬場先生也介紹田裡的作物，還有麥芽發芽等等的流程跟機具。
「首先在比較小的試驗田區，看到不同種大麥的測試種植，有趣的是因為品種不同，也有可以直接脫粒的大麥，不用後期加工便可以像米一樣食用，這點其實在台灣的農業當中很多人沒有重視，就是使用合適的品種做合適的商品。」以上摘錄自阿凱筆記。

開沒多久立刻被群山包圍。

通電的圍欄。

正當我翻譯到不知道要中暑還是中風時「欸！！這就是官網上看到的那個茅草屋嗎！？」「喔？你們有看到喔？這裡面放的都老機器了啦！差不多用有一百年了吧！呵呵呵」
「哇靠！！一百年太屌啦啊啊啊啊啊」聽到用了一百年的機器還在用我跟阿凱瞬間跟小學生一樣大聲喧譁拿相機猛拍。馬場先生對於我們的反應感到很驚恐「沒…沒有一百年啦！我剛剛有點誇張了」只見馬場先生沉思了一陣「應該只有大概八十年啦！」「喔喔喔喔！！幹！！八十年欸！！！還是超屌的啦啊啊啊啊！」現場是對我們的反應依舊感到傻眼的馬場先生。

傳說中 80 年的茅草屋。

事後阿凱跟我說「台灣很強調什麼東西都要用最新最好的機器，但是技術方面還有一些基本的東西沒做到，用再新再好的機器都沒用，反過來說，要是有好好用心做，其實老機器也可以做出好東西。」看完用乾燥香菇機改造的焙煎機後，阿凱問「這要怎樣才知道已經好了？」「你吃看看就知道了啊！」馬場先生突然間抓了一把麥子塞給我們，其實最近這情景已經不是第一次遇到，上次在加賀某人拔了院子裡的草就跟我說「這是很昂貴的藥草，你吃吃看啊！」那次有點反應不過來，塞進嘴裡的時候還有點抵抗感，不過這次是麥子，比上次好多了。

彷彿令人置身宮崎駿卡通世界一般的房子。

回程中我也順便照了馬場先生的家，根本就是宮崎駿卡通裡面的房子啊啊！不只這裡，一路上超級無敵多地方跟宮崎駿卡通裡場景如出一轍，聽

馬場先生說小川町在一部分有機農業迷裡算有名（這是什麼迷啊？）。事後我也查了點資料，小川町的有機栽培從 1971 年由金子美登發起，這位金子跟日本有機農業研究會的一樂照雄學習有機農法之後帶回小川町，之後對有機農業有興趣的年輕人們也都會來金子的農場學習，而漸漸到小川町種田的人越來越多，就發展成現在的規模了。

我們跟美麗的大自然道別後，回到了工房的小酒吧。鈴木太太已經做好午餐在等著我們了。歸途中馬場先生問我們難得來一趟，要不要順便去吃個飯，但是為了不要給他添麻煩就推掉了。也還好推掉，不然鈴木太太準備的午餐就浪費了。

中午的午餐每一樣蔬菜連麵包都是自家栽種自家製作的。我們還一個一個不死心的問「所以這生菜也是你們自己種的嗎？」「對呀！」「那這麵包也是自己做的嗎？」「對呀！」「那難道這火腿也…！？」「沒有啦！怎麼可能」鈴木太太微笑一下繼續說道「那火腿是旁邊村子的養豬戶自己做的啦！」「喔喔喔喔！！還是超厲害啊啊啊啊！」小學生二人組又開始發作了。說到味道，這趟既然是參訪一些社會企業，那當然也跟在地農業、有機食物脫不了關係。幾天吃下來，他們家的東西真的是有機類第一名！每樣食材該有的味道都有，調味清爽不做作。跟東京某社會創新聚落的有機套餐一比，真是天堂跟地獄。

接著總算到了喝酒時間。從兩人對話中邊翻譯每一樣副原料、釀製過程等細節，邊一樣一樣喝，喝完台灣的喝日本的，兩個釀酒人聊開了，而不勝酒力的我翻到後面已經不知道自己在講什麼。要去參觀釀酒場的時候都快站不穩了。

鈴木先生介紹完機器跟生產規模外，也跟阿凱討論到日本的稅制還有法規問題。日本在標示上，要標發泡酒或啤酒都有一定規範、課稅基準也不同，這讓小廠在標示選擇上很困難，但近年隨著法規調整才有所放寬。

「所以日本精釀啤酒品牌那麼多啊！也是因為你們市場很大吧？」「品牌是變多了，但是喝的人反而變少，因為現在年輕人對酒精類飲料選擇多，啤酒不再像以前那麼強勢，只是選項之一罷了。而且精釀又會貴一點嘛，所以也沒想像中那麼好賣。」兩人

接著聊到。

當中也提到一些細節，比如要掛酒牌必須要一年販賣多少支，若達不到業績連續幾年會被吊銷等。相關法規很多，當然台灣規定也頗龜毛，聽阿凱說有一條是「規定啤酒廠一定要在工業區」，因此不會有機會看到像鈴木先生所經營的這類小規模釀酒廠出現在市區中。

閒聊一陣後，眼看就要到開店時間，於是我們決定不多打擾。當然好不容易脫隊來遠足，一定要幫大家買點伴手禮，離開前就買了鈴木夫婦做的手工麵包，但是很不幸因為太好吃，所以在回東京車上就被吃光了，沒有發揮伴手禮的功能。

一下午看下來，我覺得日本厲害的地方在於『同一件事可以做很久』，一個精釀啤酒地方品牌兩代可以做幾十年，不像台灣一些東西都受各種因素影響做不久。雖然我不太懂，但是要是台灣人也可以這樣在一個地方專注一件事的話，應該不會輸給日本人才對。就像鈴木先生講的「每種地方的東西都有它特有的味道，專注下去，一定會找到自己的客群的！」當然第一關首先要活到有客群那天。

## ●● 6. 歡迎光臨西成區

大阪西成區，相信不少日本通都知道這個地方。這裡可以說是一個社會問題大百科，而下一個參訪目的就在此地。

我在行程前一天晚上抵達，跟當地朋友約在「動物園前站」想在吃飯前先逛逛。一下車看到排列詭異的座椅。仔細一看公告寫著「為了防止乘客突然身體不適跌進鐵道內我們修改了座椅的方向喔！」但是再回頭看看座椅排列…哇靠！是要有多恍神因為身體不適跌進鐵軌啦！這距離超遠欸！後來跟朋友聊到，他只說「應該真的有人跌下去過，因為

這附近發生什麼事都不奇怪，而且你不覺得面對面那兩個椅子的距離，以陌生人來說太近，朋友的話又太遠嗎？」

離開了不可思議的椅子，在車站附近逛了逛，髒亂的街景，氛圍就像萬華的華西街一帶吧？但是商店的種類似乎更少。

路邊的人或蹲或坐，街邊一對情侶，男的手伸到女生衣服裡幫她抓癢。在東京如新宿池袋般的鬧區也許末班車時也會看到類似情景，但比起這裡就是少了點不受控的某種東西。

轉個彎進到看起來像商店街的地方。一個穿著時髦的年輕人突然靠過來「不好意思…不好意思…」我嚇到瞬間退了兩步，一開始以為他要拉客，結果也不是，他就這樣一直跟我們保持一個要近不遠的距離，跟到最後也沒說要幹嘛。

附近繞一圈出來時看到梳著飛機頭疑似流氓的壯漢在對這位不好意思先生說教「你不要整天在這！好好去工作！知道嗎？啊？」沒辦法想像是什麼劇情，不過要是不好意思先生想要錢，那他找了那位壯漢當對象真的也太蠢…我遠看那個壯漢身高至少超過 180。

排列詭異的座椅離鐵軌有好一段距離。

真的不能理解人要怎麼滾才能滾那麼遠掉下鐵軌。

一邊逛，遠方還不時聽到有人在嘶吼。商店街裡倒店率異常的高，而剩下的店家幾乎都是音響全開的卡拉OK小酒館，時不時傳來的日本老歌我都可以哼上幾句。像什麼眉飛色舞之類的「等一下！剛剛那家店在唱眉飛色舞欸！！」「哈哈哈哈！真的欸！不過不要覺得奇怪，這裡真的什麼都不奇怪啦！」

西成區的商店街。

約莫七點時，好不容易走到了朋友想推薦的店，一拉開門「不好意思我們今天打烊了喔！」店員大聲喊道。「現在才七點欸？你有確認過位子嗎？」「有啊！我下午打電話他叫我晚點打，後來又打一通他說很忙沒空講…好吧！這裡就是這樣」無奈的兩的人只好繼續踏上覓食之旅。

瞎逛了一陣，看到一個大叔蹲在路邊不知道在幹嘛。稍微仔細一看，原來他在餵貓。地上五六個貓罐頭，只有一隻貓在吃，遠處還有一隻在觀望。難得的療癒場景。

晃了晃索性走到新世界（另一個鬧區）隨便找了間居酒屋進去。結果店員不會說日文！這場景我在東京偶爾也會遇到，只要說中文就可以搞定了…然後她也不會說中文！更瞎的是店裡客人大部分是日本人，會日文的卻只有一兩個店員。號稱東京萬華的池袋，混沌度跟這裡一比真是輸到脫褲了。

要離開時走到車站。跟朋友邊聊天邊排隊買車票，聊一聊覺得奇怪也排太久，兩台機器都只排一個人而已啊？我忍不住從側面稍微偷瞄一下。結果看到站在左邊那台賣票機阿伯搖搖晃晃一直按不到按鈕，右邊那台的則是塞了好幾次都沒辦法把鈔票放進機器裡。這種詭異氛圍裡哪個人突然變喪屍轉過頭來咬我一口都不奇怪。「很多瞎到爆跟有趣的事都會在這裡發生，但絕對不適合居住。」這是某個大阪人為西成區下的註解，我的關西參訪之旅才剛開始呢。

西成區北部通稱「釜崎地區」。

新今宮、動物園前、今池、今船幾個地方圍繞的區域就是被稱為日本三大ドヤ街之一的釜ヶ崎（以下簡稱釜崎）。ドヤ（doya）這個字的由來就是由旅館（yado）反過來念，旅館反過來是什麼？就是超便宜旅館！而超便宜旅館街就是提供來自全國各地的無家者跟臨時工們。這裡後來被改名為愛鄰地區，命名來自於友愛鄰人，日文寫作あいりん地区（airinn）。而被更名主因是「釜崎＝暴動」的印象深植人心，所以執政者才把釜崎這個名字從地圖中刪除。

這一帶的歷史可以追溯到江戶時代，當時該地區是一個交通樞紐，一度經歷了興衰之後，依舊是個有許多工作機會的地方，因此領日薪的臨時工們一直聚集在此處。到了1970 年的大阪萬國博覽會，日本大興土木開始各種建設，釜崎地區的榮景可說是來到一個巔峰。看過 20 世紀少年的人應該知道裡面有提到大阪萬博的太陽之塔等等，是當時日本繁榮與國力的集大成。更簡單來說，萬國博覽會就是一堆國家跑到一個國家擺攤展現國力的博覽會，而且一開就是半年，帶動的經濟活動還有建設可想而知。大阪萬博的最終入場人數是 6421 萬人，直到 2010 年上海萬博入場人數突破 7000 萬人為止，一直維持著人數最多的紀錄，另外這也是「中華民國」最後一次參加的萬國博覽會。

隨著萬國博覽會建設而從全國各地聚集而來的工人們，以臨時工的身份領著日薪，過著今朝有酒今朝醉的生活，但當地臨時工勞工意識也不容小覷，繁盛時期也組成過工會來對抗資方種種不合理待遇。之後隨著萬國博覽會結束、泡沫經濟崩潰、雷曼兄弟次貸風暴等等衝擊，當年榮景不再，各地聚集而來的人們也失去了工作機會，沒了收入也代表失去了容身之處，時光推移，無家者與貧困者漸漸增加，就逐漸成了現在的情況。偷竊、賣淫、販毒、黑市買賣更是這裡的日常。而這裡還有另一個擁有許多故事，如今成了觀光勝地，歷史悠久的「新世界」和男人們的天堂，跟擁有百年歷史的「飛田新地」。

這次釜崎地區的參訪分成兩部分，第一部分是街道導覽，由 NCL 奧大和支部事務局長大須賀先生帶路。聽說他在這裡熟門熟路，認識的人很多，與很多當地有力「團體」也保有良好關係。

第二部分則是當地團體參訪。

早上大家在「動物園前站」入口集合，天空飄著小雨，不是很適合街頭導覽，但大家還是依照行程出發。行前大須賀先生也有提醒，可以拍照，但是盡量不要拍到當地居民。

早上等著領糧食的人們。

出發時我們看到一群穿清潔工制服的人列隊經過，大須賀先生介紹說到「這是份工作由公部門發包，當地職業介紹所介紹。每天都會有一定名額的清潔工作，大家為了要這份工作都會起個大早去職業介紹所排隊。」

現在商店街只剩零星卡拉OK店，那裡酒類飲料大概都是500日圓，唱一首歌100日圓，多由中國人經營，是現在失業的臨時工大叔們聚集的場所之一。公園裡也有宗教團體配發糧食。

前文提到，這裡是日本最大的廉價旅館街。而導覽行程中，接著映入眼簾的就是各式便宜旅館，除了日租也有月租，有一晚一千日幣的，甚至也有不到一千的，價錢便宜到讓人懷疑裡面是什麼鬼屋。廉價旅館旁邊也有澡堂可以洗澡。

大須賀先生接著說道，因為沒有住址就沒辦法領到政府的救濟金，所以這裡很多旅館可以提供登錄住址。很多人都是年輕時從全國各地來求職，現在早就失去了回鄉的精力與金錢，只能困在這裡，所以能登錄住址的旅館，對在此生活的人們來說是一大福利。

馬路上有人坐著躺著，我就問大須賀先生說「在馬路上躺那樣不怕被車輾過去嗎？」大須賀先生回答說「因為以前這裡就很多假車禍真詐財的事件，通常車比人還怕，駕駛都會少走這一區。逼不得已路過時，也都會很小心。」

接下來我們到達傳說中號稱日本最堅固的警察局「西成署」，這裡也被日本人戲稱為「要塞」。大須賀先生說「這裡的警察跟居民關係很差，發生過 20 幾次暴動以後，一直到現在居民在路上看到警察還常會嗆聲。」

回去查了資料以後發現這裡真不是普通的厲害。

我找到某段影片介紹 1990 年發生的第 22 次西成暴動。暴動原因是警察局長收受黑道賄絡 900 萬日幣。警察局長收賄跟暴動有什麼關係呢？因為在這裡有一種幫臨時工分配工作的人叫做「手配師」，可以想像成臨時工仲介。工作被介紹出來時，當中薪資很大一部分要讓黑道抽成，而手配師有些也是由黑道份子從事。薪資被長期壓榨，大家早就積怨已深。

事件引爆點則是當天有人在發表演說，講者的狗突然不受控跑去咬了警察，講者也因此被捕。聽眾們因為不滿呼朋引伴聚在警察局前，過了一段時間突然有人大喊「剛剛新聞說警察局長收賄啦！」然後大家就爆了。有人丟石頭，有人丟汽油彈還有人砸車。暴動持續到第二天，聽到傳聞的不良少年跟暴走族也亂入參戰，就這樣大家到處放火搶劫，儼然是一場暴動嘉年華。最後警察出動了兩千多人前往鎮壓才結束了這場暴動。看影片裡警察的鎮壓方式，先是用盾牌把人圍起來，然後狂毆到對方動不了才停手，下手非常兇殘。當然暴民也不好惹，畢竟大家都是勞動階級的人也很能打，石頭汽油彈之類的狂丟。
影片最後在攝影棚裡主持人跟來賓們的對話也頗耐人尋味。
「天阿大阪好可怕」「不不不，在東京發生一堆事東京人也不會生氣對吧？但是對我們大阪人對那些事就是無法忍受，就會不爽啊」「不不不，東京是各地方的人聚集的好嗎！」「哎！你看你們東京建個新都廳，大家都在抱怨說有多貴，那麼不爽就大家去把它炸掉不就好了！」「但是炸掉的話稅金又要浪費了欸」由此可見大阪跟東京民眾作風大不相同。

其他暴動原因也五花八門，除了正經的以外，也有很瞎的。比如說在火災現場看熱鬧的人…突然就暴動了！還有醉漢吵架吵一吵也暴動！小鋼珠店的機器故障臨時關店…那還

用說！當然要暴動啊！黃金週工作變少？靠！這一定要暴動啊！最後一次暴動則是發生在 2008 年，之後大家也老了，沒力氣暴動了吧。

這個充滿話題的地方，也有人拍過電影跟紀錄片。

其中一部叫「解放區」的片子就是導演在釜崎地區耗時五年拍出的作品，雖然內容都是虛構，主角群也是由演員擔當，但其中部分以紀錄片形式照到當地居民生活樣貌，還有種種負面描寫，也引起了爭端。這部電影拍攝時是拿了大阪的輔助金，當準備在大阪亞洲電影祭上映時，大阪府要求導演必須把可以看出是西成區的部分全部剪掉，還要求有照到的人全部都要遞交同意書才能上映。

對於這種接近找碴的要求，導演在專訪中提到「雖然大家覺得這裡是個危險的地方，但是以我住在這裡幾年的各種經驗，反而覺得這裡很有人情味。我拍這部片就是想告訴大家這件事。」導演拍攝期間也得到許多當地人協助「雖然情節是虛構，但是種種片段明顯就是在說西成區，政府希望我把可以看的出是西成區的部分通通剪掉，但是剪掉了電影的核心會隨之消失」、「另外我們拍攝都是有經過許可，但被拍到的人有些不會寫自己名字，有些不想曝光，所以簽同意書這件事，根本是強人所難。」幾番波折後，導演決定不在電影祭上映，而是在西成區一家居酒屋舉辦上映會與座談會。

導演說「有些話題只能透過討論來深掘，因此透過這部電影的上映，我想讓更多人一起來探討西成區問題，這樣其在電影院上映，不如在大家可以討論對話的地方上映會更理想。」結果上映會來了 140 多人，是超乎想像的大成功，當地居民評價好壞參半，就結果而言，也引發了導演所說的「討論與對話」。

最後提一下飛田新地。很多男性聊到這裡，都一副要講不講神秘兮兮。其實這也不是什麼秘密了，我就分兩部分稍微介紹一下。說到業態的話，在東京除了中國店應該是沒有這種形式的風俗，不管什麼坑法，多是看照片或網站指名，但這就跟看 A 片封面差不多，小姐本人出現瞬間落下男兒淚的尋芳客應該不在少數。歐美店作風更大膽，有時指名白人還會來黑人，根本就是詐欺。

而飛田新地則是小姐直接就會坐在開放式的店裡，走過去每個都笑容親切的跟你招手，走完一條街意志力薄弱的男人一定會在內心上演各種小劇場，恨自己太窮，沒辦法多幫助一點失學少女跟離家少女。

而飛田新地跟東京的粉紅沙龍（半套店）一樣，登記的執照是餐飲業，大阪前市長橋下徹也說了「飛田新地是料理店！沒有什麼違法的地方」。可能也有人知道，這位市長大人可是曾經擔任過飛田料理組合的律師呢！（飛田料理組合就是他們的公會）

在 1958 年賣春防止法實施後，原本的花街飛田遊廓搖身一變成為現在的料亭街—飛田料理組合。營業內容被歸類為餐飲，是因為飛田新地的店家裡面只提供食物，那至於吃完店員不小心對客人一見鍾情，想立刻來一下就屬於自由戀愛範圍了，店家不會介入這部分。最後友善提醒一下男性讀者，如果閒錢多沒時間搜尋就去飛田，或時間多想當個內行人的話，大阪還有好幾個有好心地店家的好新地等著大家光顧喔！

這些餐飲店的營業方式應該是日本政府故意睜一隻眼閉一隻眼，不過橋下前市長不只在飛田新地，對西成區整體政策也提出了「西成特區構想」，是個正反評價都很極端的一位市長。畢竟「有感」的政策，就會伴隨著一些陣痛跟爭議，並不是能讓每個人都開心的；另外他的爭議性發言也很多。

從歷史、族群構成，以及當地文化形成再到執政者對此區域的態度，都充分表現出了西成區在大阪的特殊性。橋下前市長也曾指出「如果能解決西成問題，那表示全大阪的社會問題都可以被解決。」

參訪的後半，我們來到了 cocoroom。こえとことばとこころの部屋（全名：聲音與言語與心的房間，簡稱ココルーム）cocoro Room，翻成中文就是「心的房間」。來之前雖然我也查過資料，但還是搞不太懂這裡到底是怎樣的社會企業。有經營咖啡廳、guest house，然後還開了一個釜崎藝術大學。乍看之下除了搞不懂他們在做什麼以外，更不懂他們是怎麼幫助那些無家者以及當地的弱勢族群。

五顏六色的正門前，擺滿了日幣數百元就可以購買的
衣物與生活用品。

cocoroom 裡面的圖在受過正統藝術教育的人眼中，
應該稱不上好看。但就是這樣讓大家自由參與的初
衷，透過創作拉近了人與人間的距離。

cocoroom 裡面有一位人稱機關博士的厲害角色。傳說他是從橫濱流浪到大阪，中間靠著自己去圖
書館自學，利用啤酒罐等等廢棄物做出了電動的機關人偶。
博士的作品真的很厲害，而且打開電源後每個作品都是可動的。

建築內充斥了謎樣的「生命力」。

內部空間貼滿外行人寫的詩，畫的圖，還有一些不知所謂的東西，整體而言其實頗富趣味。

還沒進門，就可以在門口看到電視重複播放著介紹釜崎地區暴動及歷史事件的節目，旁
邊擺還放了超便宜的二手衣物，一件最低只要幾百元日幣，另外還有廉價的日用品。我，

佇足在店門口看了一下節目。除了介紹前文中所述，釜崎地區混亂的背景，專訪中還出現了一位不可思議的女士，穿著和服，戴著漁夫帽，此外更令印象深刻的是她的頭銜跟名字「詩人 上田假奈代」。詩人？第一次在電視專訪裡看到有人頭銜是詩人，然後名字是上田假奈代。

這位假奈代女士在入口電視上的專訪內容老實說我全忘了，因為她本人分享內容帶給我震撼更大。

「我認為藝術是很好的交流跟表現手段，正因為大家來到這裡，有了作品，透過這些東西，更能拉近一般人與這些無家者們的距離。」大眾對藝術創作的認知程度有限，因此透過這個角度切入，更能讓參加者跟弱勢族群們站在同一個水平上思考與交流。

「不過在這種地方，突然說『我們一起來創作吧！』根本不會有人搭理，於是一開始，我就把這家店假裝成咖啡廳，先把人騙來再說。」她說的內容跟名字真的有互相呼應欸！假奈代真的很愛假裝（冷）。「於是漸漸有客人上門消費，後來漸漸不消費的客人也上門了。只想尋找一個棲身之所、無家可歸的大叔們，偶爾也會來這裡坐上一整天，當然我們不會趕他們走，因為就是想讓當地人聚集，所以這裡才以咖啡廳的形式存在，正如我所料，這裡成為了人們聚集的地方。」

「我常以『外行的內行人』自居。在閒聊中，我發現來到這裡的人們，都懷抱著各自的煩惱，卻不知道要跟誰傾訴，也不知道要找誰解決。每次在聊完後也開始幫他們尋找解決方式。過程中，也慢慢知道哪些問題要去找哪些機構，或是找誰幫忙解決。大家要是一開始就知道要去哪、找誰，那就不會來找我聊啦！正因為我是外行，所以什麼

努力翻譯的我跟 cocoroom 的詩人上田假奈代女士。

事情都可以輕鬆的跟我談，久而久之我也逐漸了解哪些問題該去哪才能解決，就這樣變成『外行的內行人』啦！」

當然面對各種人，也會遇到不順遂的事。比如在聚會中無家者還是會跟一般人起衝突，甚至有一次遷怒毆打假奈代女士的孩子，大家都很好奇那次後來怎麼解決。只見她笑笑的說「自己小孩被

cocoroom 中庭。

打當然很生氣啊！我當下就請他離開，他後來也覺得拉不下臉，之後就沒來了。」對各種問題，雖然假奈代女士都輕描淡寫帶過，但可以想像當下面對的衝突是多難化解，在我內心中默默為這位女士所做一切的感到佩服。

「欸！她那時候說『請他離開欸』？」「對啊！還真能忍。」「要是我家小孩被打，我應該直接抓那個打人的頭去嚕牆吧？」「所以我們沒辦法經營這種的啦！哈哈哈哈哈」事後在幾個朋友閒聊中我也時不時會提起這些參訪裡遇到的人們，每每聊到，就不禁覺得感佩。而那些藏身在釜崎地區故事跟奇人，還遠遠不止這些呢！

●● 7. 初訪組織最前線！！日本妖怪們的故鄉「遠野見聞錄」

結束了大阪跟東京的行程，我們一行人北上前往位於日本東北地區的遠野市。遠野市人口約 2 萬 5 千人，面積 825 平方公里，大約等於三個台北市。號稱日本聊齋的遠野物語舞台就在此地，當地政府也以此作為宣傳主題，因此一下車站就能看到很多以日本著名妖怪河童為主的裝置藝術與吉祥物。

NCL 的第一個據點也在此處。NCL 是以事務局成員作為主軸，連結下面各個專案負責人與政府、另外各個專案也各自擁有在地合作夥伴，例如精釀啤酒專案就跟麒麟啤酒合作、發酵專案則是找來當地專家，整個組織設計的政府、企業、個人構圖就是如此具體呈現。

遠野作為組織第一個據點，有著許多具話題性且優秀的專案負責人（組織中稱為 Lab member）。有全國知名企業與當地政府作為後盾，再加上事務局成員進行計畫與所有參加者間橫直向連結，作為一幅地域設計的藍圖可說是無可挑剔。

NCL 遠野事務局與專案負責人們為這次參訪準備了一連串行程來迎接台灣的貴客們，同時也試試「參訪行程」商業化的水溫。從東京坐上新幹線，經過幾次轉車我們總算到達了遠野站，下車後除了看到各種可愛的河童裝飾外，第一印象是「真的沒有人欸！」遠野乾淨的街景似乎與冷空氣一同凍結了，有人造物卻沒有人煙，心中一股難以言喻的不自然。

大家看著地圖準備步行前往遠野據點經營的咖啡廳。當時我所屬的加賀據點只有一個小小的共享工作空間，而遠野已經經營得有模有樣，不禁心生羨慕，但感嘆之餘也懷疑一個路人都沒有的地方，店到底要怎麼開下去？

雖然抱著疑問但也依舊難掩心中如郊遊般的愉快心情，一行人或是閒聊或是拍照，轉眼已到達遠野據點的咖啡廳 Commons Cafe，踏進門，早已知道我們來意的事務局學長姐們熱情展開笑容迎接大家到來。之前只在專訪與網路資料上看過的傳說中前輩們一個一個出現在眼前，我也忙著遞名片與自我介紹。

偏僻到除了計程車司機以外沒有看到半個人。

此時到了用餐時間，沒多久桌上已經擺滿豐盛的食物，大家一邊用餐，一邊聽大廚解說這個以料理串連地方農產品的專案。這位擅長京都料理的前輩，同時也擔任 Commons Cafe 的主廚。

這次遠野參訪由講習與實地參觀兩部分構成，共兩天一夜。

用餐完畢後，大家拿出筆記本準備開始聽講，第一位上場的是遠野事務局

遠野據點成立後成員流動頻繁，以至於在協調相片使用權時，只要有人露臉通通都被拒絕，而在遠野據點做這頓飯招待我們的主廚似乎也離開了。

創始成員之一，聽名字就覺得很有錢的家富萬里。遠野據點成員裡我只跟她在台灣見過一次，而這是第二次見面。

311 東日本大地震改變了很多人的命運，而在這群人中，很大一部分放棄都市生活而投入地域振興的各種工作。「大家把東京的便利性視為理所當然，但在發生災害時，才知道這個系統有多麼脆弱。」她說道，自己在東京出生長大，從來沒想過有一天會離開，但因為 311 大地震她開始思考「我們的食物是從哪裡來的？」也成了投身地方的轉機。

家富前輩的故事也帶出青年世代的憂鬱與迷惘。看起來白白體型豐滿的她曾經是澀谷大家知道那種黑黑瘦瘦的 109 辣妹，看到簡報上舊照片時大家也一陣驚嘆。當時每天無所事事跟朋友瞎混，不知道自己的價值在哪裡。「年輕人各自懷抱著自己的人生難題，但又缺乏機會與舞台。」她繼續說著，自己計畫下一步就是打造一個年輕人能自我實現的場所，也就是在地方創生中大家常提到的『第三場所』。

簡報內容從本身背景，帶到事務局日常是怎麼連結計畫與政府單位，另外也講到接下來準備進行群募的計畫。

「經營據點除了開店以外，裡面在做的事能不能連結地方才是更重要的。」社群經營是

事務局在表定工作以外最重要的任務。組織本身以政府經費活動，因此要做政府能認同的事，但那只是表面上，如何透過這些活動，得到在地人協助與認同才是事務局真正的任務。

「比如邀已經退休的老人來幫忙，這讓老爺爺再度發現自己的價值，也達到跟外地人甚至外國人交流的經驗。我也鼓勵當地的高中生們可以勇於嘗試自己想做的事。」遠野的年輕人很少機會能到外地，所以她也幫助當地年輕人以群募的方式籌措旅費出去走走看看。

「有效運用網路與現代科技，年輕人比之前更容易實現夢想，也更容易讓老年人一起來參與，形成跨世代社群。」而最後因台灣團隊們在當初諮詢時，好幾個表示想在這次參訪中了解日本社會新創的商業模式，因此她在最後也介紹了據點規劃上的收益來源。

在一下午的講習中，除了事務局開場以外，還有另一個透過「遠野物語」來經營在地旅行的計畫也讓我印象深刻。計畫負責人是出身廣告業界的富川前輩，他利用在日本原本就有一定知名度的怪談「遠野物語」作為主題，打造出學術研究、教育研習與社區活動等一系列行程與課程。不過聽多了，就會發現重點永遠不是「你想做什麼，而是當地居民願不願意出錢出力讓你做什麼」。

模式似乎都大同小異，但這些人厲害的地方在於怎麼發揮自己個人魅力，用自己的方式打進地方封閉的小圈圈，進而成為在地一呼百應的意見領袖。

遠野物語計畫、發酵計畫、低成本住宅計畫、據點社群經營等等，從文化、食、住開始幾乎每個問題都有一個專案。而其中最備受矚目的專案就是關於「鄉下生活收入要怎麼跟資本主義社會銜接」「大企業要怎麼跟微型創業者合作」的遠野啤酒計畫。

遠野市曾經是日本啤酒花產量最多的城市，但隨著人口外移農業開始後繼無人，現在已不見當年榮景。麒麟啤酒跟遠野農家的契作關係歷史悠久，啤酒花減產導致當地相關產業衰退，也是麒麟在社會責任上注入力量的一大議題，但無論由大企業或是政府主導，都有著一定程度的問題。

企業總要最後回歸商業、而政府則是要求投入經費後要達到各種指標，無論哪個都會與在地居民期望產生一定的距離，這時 NCL 主打「透過釀造廠社群復興鄉鎮」的啤酒計畫「遠野釀造」，正好以社群經營縮短了這三者間的距離。

參訪進行時，啤酒計畫經過了群募達標、建造釀酒廠、設立公司、確立商業模式這幾個階段，店鋪正在進行裝潢。當時計畫負責人將介紹重點放在品飲與原料介紹，而台灣精釀代表阿凱也開心的跟對方聊了很多，因此參觀酒廠過程中沒有講到當初如何跟麒麟結盟還有商業模式等。

會知道稍微詳細的過程是在幾個月後，我以東京裏物語名義跟遠野釀造、禾餘麥酒在台北辦了兩場活動，空檔時我跟計畫負責人之一，號稱 NCL 第一帥哥的袴田大輔閒聊才知道啤酒計畫也不如宣傳上一帆風順。

「為什麼你們辦活動現在都不說自己是 NCL 啊？」「沒有啦，現在公司開了當然是以自己公司的名義活動啊，說 NCL 的話很多事要解釋太多，活動主題就偏了嘛！」在企劃台灣活動時我曾經問過這一題，當時的回答令我覺得似是而非。

後來在台灣幾個晚上促膝長談後，才了解他們能走到創業這步有多麼艱難，要在大公司、政府還有組織間周旋又付出多少辛勞。事務局想像的未來、企業期望的未來跟他們所想實現的未來原本就有差異，跨過的每個難關都不是三言兩語可以解釋。

「那麒麟那邊跟你們的關係是怎麼合作的啊？」、「說是合作，但麒麟是個很大的組織，常常去拜訪認識他們基層跟當地主管一直到混熟就花了非常多時間。」商業上的合作有契約做保障，但人跟人之間的交往、交流還有溫度，卻不在契約保障範圍，無論是跟政府還是企業合作都是如此。

NCL 常強調最大的資本就是人，但問題最多的往往也是人。原本想藉著出版書籍來個大爆料，但書這種東西印出來都會成為呈堂證供，想想還是把這些事留給死前那本回憶錄好了。

## ●● 8. 生態系與社會問題當事人意識

在一連串課程中，有兩件事令我印象深刻。首先這次參訪成員在事前諮詢時，好幾個團體都提到想了解日本社會創新組織是怎麼營利。雖然日本不強調社會企業這個名詞，但在一連串講義還有之後兩年實踐中，我也有了點心得。

首先把社會企業拆成兩部分來看。第一部分是社會價值，就是透過活動能對社會產生什麼價值，這部分要是能引起群眾認同，關注者自然會增加，而如何利用這群關注者對自己的本業產生幫助，就是社會企業的重點。消費者若認同一般企業會，可以用消費行為支持，但若是社會企業的話，除了消費外，也因為每個組織理念不同，而設計出不同的參與方式讓認同者用很多方式表達自己對社會企業的支持。

第二部分就是企業，企業設立目的就是為了營利，但是社會企業為了解決社會問題，可能有某些部分會選擇與一般企業不同、相對沒效率的作法，而這部分就需要靠認同者與社群來彌補。

也就是在商業價值不足的地方，就要利用社群經營與社會價值來彌補。

但這也是有所爭議的部分。如果做一件事，我能賺錢，其他幫忙的人卻只是做義工，那多少都會被人講話。同樣的事不只發生在社會企業，很多公司或是工作室無給徵求實習生或是義工的事到現在還是屢見不鮮。會去應徵的人當然都是覺得有金錢以外的價值才會下決定。但金錢以外的價值這件事太難定義了。只要經營企業或是組織的一天，就需要與輿論對抗吧？

在日本這幾年非常流行的一個名詞是共創。也就是與消費者一同創造新價值，做法五花八門，從徵求想法到共同創業，這些都是為了營造事業的生態系。也就是讓消費者在消費完之後，能透過各種方式參與，最後再度消費。我覺得日本的這些社會創新公司厲害的地方，就是都能透過社群力，勾勒出屬於自己的生態系循環模式。

例如讓學生們自由表決想上什麼課，也能讓學員成為導師、在結業同時也營造出同好社群的自由大學；從採訪社會企業的媒體，到利用社會企業經營者當作講師，讓讀者們除了跟這些社會企業先驅學習外，也讓大家參與更多社會活動，甚至成為社會企業經營者的 GREENZ，都是運用社會價值化成社群凝聚力，最後再將這股能量轉為利潤回到公司的案例。

除了生態系以外，另一個讓我印象深刻的就是社會問題的當事人意識。在看見社會問題的旅行社 Ridilover 代表安部的講義中，他開始從社會問題與一般人之間的關係開始，慢慢帶到自己為什麼要設立 Ridilover，帶大家到社會問題現場體驗另類的一日遊。

「大家應該都覺得社會問題跟自己沒關係吧？『我很健康啊！』，『我們家沒什麼問題啊！』，『那應該是弱勢族群的事吧？』這樣的想法大錯特錯了。在這個社會上的成員發生的問題就稱為社會問題，從就學就業、勞資問題、加班問題、LGBT，只要你想得到的問題大多都是社會問題。」很多人都誤以為社會問題是都弱勢族群的專利，事實上只是弱勢族群更迫切需要幫助，而在其他階級的人所發生的問題也都屬於社會問題。

「大家有沒有想過有一天自己也會成為社會問題的當事人？如果真的有那一天，大家知道該怎麼自救嗎？」人生總是充滿各種意外，沒有人能保證自己一生都可以平安幸福。在不起眼的社會角落，突然間因為家庭或健康問題從中產階級落入貧窮泥沼的人不知道有多少，如果有一天自己成了那個人該怎麼自救？除了買保險以外，就先從社會問題的現場開始了解吧！憑著『想縮短一般人與社會問題距離』的目標，安部當初才成立了Ridilover。

看見社會問題的旅行社行程主題範圍從青年到老年、偏鄉到鬧區幾乎是包山包海，但聽完後在我腦海中迴盪的是那些從社會問題旁觀者到當事人的過程。

上流社會的問題，通常蓋了很多層布，媒體繪聲繪影，一般民眾也如瞎子摸象般不甚了解，但上流社會至少擁有能解決問題的財力。而貧困階級的人問題雖然難解，但也有社福機構與政府在努力，那中產階級呢？

社會上大多覺得中產階級可以解決自己身上或是家庭的問題，事實上很多事治標不治本，兩代累積下來也可能會壓垮一個家庭或家族。上流社會的人都很了解社交跟社會連結的重要性，多數也有餘力選擇社交頻率。但中產階級的人就算了解，為了維持自己目前經濟與家庭生活等，很多人卡在一個不上不下的狀態，房貸車貸一背、小孩出生就必須保佑自己或是家人不要出意外或生重病。有錢人可以透過社群連結來安定每個家族的社會地位，那中產階級是不是更需要這種連結？

更不用說，中產階級的人正是安部所指的社會問題當事人預備軍。

如果政府不幫我們，社會上也不可能有人捐錢給我們，那真的出事誰能救我們？這一整趟行程下來，看了形形色色的人跟組織，中產階級應該要有個自救會的想法在我心中開始慢慢萌芽。

## ●● 9. 參訪之後

已經跨入微中年的我，看到這些組織跌跌撞撞的嘗試不禁想到：「究竟該選擇現在不做會後悔的事，還是盡力避開做了將來會後悔的事？」

長輩師長從小教育我們最安全的做法，告誡著不要做這個，不能做那個。我卻一直覺得嘗試的過程也很重要。現在能預想到的將來又有多少機率實現呢？不做怎麼知道結果呢？在有限的生命中，又有多少時間可以去嘗試去抉擇？雖然我常常習慣思考，但得到答案的同時也對更多事浮現了疑問。人生真是充滿難題。

與其說大家都在尋找答案，不如說一直在為充滿錯誤的人生找出合理解釋吧？然後漸漸從追求目標的理想派轉變為保護自己的穩健派。這就是人生的過程吧。

就像這次看到的日本社會創新組織。每個組織從創立到穩定，哪個不是披荊斬棘在荒野中硬走出一條路？

這次的研修對我價值觀產生不少衝擊，開了眼界，也再度感受到自己的無知。這個世界上有一群人在不起眼的地方創造著金錢無法衡量的價值。地方創生的項目跟建立起來的系統其實不難懂，只是真正的價值還有最難成功的原因都在於「人」。

若要以地方創生角度來看，台灣似乎有部分論述放在農村、地方產業等等問題。努力想複製國外經驗的時候，我看到的是其實目前日本堪稱成功的案例都有一群默默耕耘很久的人，沒有那群人，引進再厲害的系統跟人才也是枉然。

政府高層、商人還有學者們不斷想拿都市那套去地方，但是就算成功了，那弄出來的東西本質到底跟城市有什麼兩樣？最後得利的究竟是誰？

地方創生不同於傳統商業的就是「多元價值」，說白了就是很多事都用人情來連結，而不是金錢。因為我們是朋友，所以我家有一塊地沒在用就給你用吧！因為我們是朋友所以今天我有空，就幫你們組織當一天義工吧！互助合作跟資源共享，其實都建立在人情的基礎上，要用商業利益價值來考驗這些人情時，我認為才是真正的難關。

研修之初，大家最好奇的問題就是「你們 NCL 遠野的計畫跟麒麟啤酒合作，那組織位置在哪？如果被吃掉怎麼辦？」我看了麒麟跟幾個案例以後，發現跟大企業合作，很多事只能在大企業有良心這個前提下才成立。畢竟大公司要把在地合夥人踢掉可以有一百種方法，但只憑良心跟人情，這種關係也太虛無飄渺。

參訪結束後某一天我問朋友：「妳知道什麼是社會企業嗎？」她說：「社會企業就是自己活不下去的企業。」雖然也不能說她錯，但是我會把這句話解釋成「社會企業是把人跟人的關係重新找回來的企業，而且是強迫式的」。找回連結，找回人情，找回人與人的關係，地方創生本質應該就是這件事吧。

## ●● 10. 民間認知的文創、社區營造跟地方創生

回到加賀後某一天，東京的幾位長輩與友人一路開車邊玩邊吃吃喝喝來到了加賀市。除了延續我之前不動產的工作，帶大家簡單看看當地物件以外，也是稍微介紹了加賀的地區組成，還有各種現況。

吃飯以前也不免俗帶到 NCL 加賀當時剛完成的咖啡廳兼共享工作空間。

「我有個朋友也是在台南跟你們做一樣的東西啊！」「喔？請問是從事哪方面呢？」「就是搞文創啊！把那些老房子弄成很文創的樣子賣賣咖啡蛋糕之類的。」「喔？台南跟加賀是友好都市，我之前也有去觀摩過好幾次他們老屋再生的案例，真的滿不錯的」「對啊！所以你們這裡其他文創的東西在哪？只有這間嗎？」

當下不想多做說明的我只是笑笑回答：「也不是每個地方都要那麼『文創』啦，人家其他房子也好好的還沒必要裝潢啊。」

事後反省覺得實在答的很爛，只是當下又不想多費唇舌。台灣有一部分人對文創、社區營造還有現在所謂地方創生應該都不太了解。從最早的文化創意開始有些都只做殼而已，沒有深刻的內容跟意涵，久而久之政府宣傳跟民間理解也漸行漸遠。文化創意產業，顧名思義，要先有文化，才能用創意來包裝成一個產業，要是沒有文化，那根本一下就玩完了。當然前幾年被各大小公司團體拿來申請計畫跟經費之後，文創這詞已經被玩到爛掉，什麼東西都可以掛個文創，久了大家對這東西除了無感以外，最可怕的就是看到什麼就說：「喔！這個就

NCL 加賀第一個位於加賀市山中溫泉的辦公室。

山中的辦公室剛開始弄到裝潢好，傢俱還沒搬進來整個很空。

山中辦公室裝潢完成後大家每個月就此進行會議，整理地方資源還有共享情報。

是文創嘛！」然後其實講出這句話的每個人心中對文創理解都不一樣，還會隨便亂連到文青、社區營造、地方創生各種名詞。

大概有人意識到光有殼沒有用，還要有背後的架構才能把「文化創意」撐起來，就開始配合社區營造，這部分對台灣政府的態度不太清楚，而社區營造在台灣是怎麼發展我也沒有概念。只是看了幾個厲害的案例後，聽某教授說其實社區營造這東西台灣大概 1960 年代就有社區發展的概念跟政策，1994 年文建會提倡「社區總體營造」才逐漸開始使用「社區營造」一詞，表示這件事開始的比文創早得多。

在地組織跟例行活動久了，自然會成為當地文化的強大後台，最後開花結果才產生「文化創意產業」，而不是稅金去開出一間一間的旅館跟百貨公司。談社區營造台灣就有很棒的例子，只是大家可能也搞不懂他們在幹嘛。因為社區營造做得好，但沒有發展出美美的文創商品，大家就不懂了、沒興趣了，媒體大概也不會報了。

某一次開會時，同事們討論到某地區開始了一個新的祭典。
「內容是有點粗糙啦！不過滿有趣的。」
「粗糙是因為剛開始，等這件事持續辦一百年自然就會變成傳統文化了。」
一百年！？聽到當下有點震撼，但就我所知範圍內，日本傳統文化跟一些公共建設規劃的確是可能到達幾十年。但「開始創造一個新的傳統民俗活動」這件事對我來說還是很新鮮。

再說回台南老屋再生跟文創。我來解釋的話,歷史文化、社區營造跟地方創生可以說互為骨肉;先有了歷史文化脈絡當骨架,之後靠社區營造團結地方的人們,用各種組織活動來穩固歷史文化背景,同時也透過對文化的共同認知來產生夥伴意識;就像加強骨骼結構的肌肉,除了強化基礎,活絡的地方組織也像肌肉一樣讓地方發展更具彈性跟伸展性,最後所謂文化創意產業如果有健康的文化歷史背景以及社區營造支持下,自然應運而生。

台灣的問題不用多說大家也都知道,除了統治者都很愛把之前的人蓋的東西拆光以外,也愛否定先前的文化。柯文哲在選台北市長以前到東京演講時說了一段讓我印象很深刻,大意是「很多地方改朝換代頂多就是換了國號跟統治者,但是台灣改朝換代是要你連靈魂都賣掉。」拆掉建築、否定教育、殺掉菁英份子。這裡先不講政治,但就事實而言,以台灣本位思想來說,這塊土地文化傳承中有形無形的東西有太多被破壞了。所以就文化、歷史跟國族認同這塊來說,我覺得台灣是比日本弱的。

再說回社區營造跟現在有點紅的地方創生。

如果地方創生要跟文創劃上等號,那我覺得看的似乎太表面;而地方創生要跟社區營造劃上等號,格局似乎又太狹窄;但公部門,地方執行單位都各自解釋時,又要怎麼對民間傳達其中精神呢?

就像一個頂級模特兒走秀,大家誇她衣服漂亮,卻沒注意到模特兒本人鍛鍊已久的體態跟台步。在我剛開始接觸,以一個外行人的角度來看,地方創生的東西都差不多那些:老屋再生、社群營造、小農品牌化、深度旅遊、文創商品等等。但那些東西就像衣服,每個人穿搭起來風格都不一樣,重點是找誰來穿。那個『誰』,就是前文提到那個文化歷史為骨骼、地方組織為肌肉的

加賀據點成員到齊後合影於第二個位於山代溫泉的據點,地方政府也大力支援使用次圖作為城市官方刊物封面,也在內文中做了專題報導介紹所有專案。。

「人」。每個地方總會發展出自己的一套，而因為基礎都是當下那群在當地的「人」，所以是不可能完全複製。當然政府願意投入經費來發展這塊當然是好事，只希望錢可以到真正做事的人手上了。

有時朋友會問我在做什麼？什麼是地方創生？有一次我就心血來潮寫了一段解釋「大概就像我們組織在都市找人組隊到鄉下去玩模擬城市的概念，上面只是做完整體規劃從政府拿到經費以後，我們就要開始從等級一的市民開始玩角色扮演。到處搜集情報、尋找資源還有賺錢。」地方創生其中一部分，就是走下坡的鄉鎮重新利用那裡固有的資源做一些新的事情，所以會需要各種人跟各種產業。上個時代的思考是產業會吸引人，然後地方組織跟其他東西就自然成形；但是這個時代有一種主張則是移居者、當地人大家共享資源、團結一心，才能達到振興地方的目標與地方創生最終的人口目標。不過要理清每個地方已經僵化的人際關係跟利益結構，要付出的成本跟時間可不簡單。

另一個共享空間咖啡廳經過無數 DIY 還有裝潢完成之後裡面總算開始有點像樣了。

開幕時除了地方政府長官們以外，當地居民跟團體也來捧場，場面很熱鬧。

站在民間的角度解釋，好像是這麼回事。但站在政府角度思考的話，地方創生這個政策還有對抗人口減少衝擊的大目標在眼前，這時要怎麼促成良性的官民合作，又是另一回事了。

無論官方跟民間，應該都有些共同的階段性目標吧？我也不敢說自己的心得多禁得起考

驗，只是現在這個時代人跟人之間缺乏溫情，以商業為主的發展模式造就了一批成功者後，社會階級幾乎成了一灘死水，那設問：若這個時代缺乏的是人情跟互助，但那又能彌補多少商業價值上的不足？這都還需要討論與驗證。

尋求解答的我揮別住了七年的東京來到了加賀，之後北陸地區、東京首都圈近郊、東北、關西、台北、台南、高雄、甚至去了我從沒去過的花蓮、台東。上個世代的社區營造，在地方創生的時代正在各個角落發芽，或有些地方早已開花結果。當然結果之後被收割也是家常便飯，而那些關於收割的故事我不是當事人就不碎嘴了。

若你不是經濟自由的超級富人，那下一個世代的解藥，或許就在地方，但是這些事都是慢慢的，一個社區或是社群要發展成型，至少需要十年以上的耕耘，目前為止在檯面上的案例沒有一個是速成的。但總要有人踏出第一步，是吧？

## ●● 11. 重視模式的台灣

創過業的人多少都知道，有好的模式，更需要好的夥伴，沒有好夥伴，模式再好也難以發揮。當新計畫開始要夥伴時，無論在東京或是在台灣都常被問到：做這個幹嘛？為什麼要做？能賺錢嗎？ 當這樣的問句出現，我通常會說：不覺得大家一起做很好玩嗎？如果後面回應冷淡，那大概這個人就不是夥伴。有時候不是一定要做什麼，而是想跟朋友們一起找點事做罷了。夥伴意識這種東西，就是透過一起經歷這些看似沒意義的合作而產生的吧！

經歷一段看似沒有意義的時光可以加深人們之間的關係與夥伴意識，而透過這種意識連結而成的人脈網，會比起單純因利益結合而來得穩定。這件事無論是在台灣兵役期間，或是後來我所參加的社區營造學校，甚至到由日本公部門所主辦為期一年的觀光創造塾都認同這個理念。但也許生活在都市的大家太累，被壓榨到不想做沒有目的性的事吧。

在台灣或在都市，一般的想法先有模式跟想做的事再找夥伴。但是先有夥伴再透過資源整合來找模式，比較符合日本現在社區營造當前的做法。當大家透過很強的目的性結合，通常會因為目的產生分歧而解散，以公司來說大家最常在意的是盈虧，但在賺錢之外，信賴關係跟夥伴意識是沒辦法量化的。

台灣人很相信模式。一個商業模式能複製多少，首先看自己手上擁有的資源，一般人沒那麼多資源，所以需要整合，但是有資源的人們彼此素昧生平，到底要找誰整合？因此在學習商業模式以前，大家應該要先知道夥伴在哪裡，並在商業結盟前培養好信賴關係。

提倡結盟跟夥伴這個理念的不只在社區營造學校，我另外參加的石川觀光創造塾（日本官辦課程）。第一堂課講師也說：「觀光跟我們身邊的七成產業都有關。目前為止官辦觀光人才培訓課程之所以成效不彰，就是因為教太多觀光理論跟專業知識。這一年課程中能得到最重要的資產就是人脈，你們身邊同學們來自各行各業，有知名溫泉旅館的支配人、自然學校經營者、釀酒廠老闆跟各式各樣的自由工作者，在這一年大家會經歷各種小組活動，去認識同學，然後學會什麼叫異業合作才是課程的重點。」

不管哪個產業都在強調結盟，除非財力雄厚或有財團撐腰，否則一個小團隊想要包山包海的時代已經過了。

但我大概能猜到台灣不太屑這一套的原因，首先人際關係產生的效益很難化作 KPI，成果難以評估，政府機關自然不想承辦。其次，我覺得台灣人之間的合作關係常建立於互相質疑跟利益，這種比較功利、能立即看到成果的形式上。所以「如果有個課程可以教你認識自己還有結交夥伴」這對台灣人來說吸引力似乎不大。甚至可能會聯想到直銷，或是一些吸金的課程。

短視或是想要即時的成果沒什麼不好，沒有現在哪有將來？但要怎麼用一個個小小的成果跟利益拼湊一條往未來的道路，並打造一個完整的模式，都值得好好思考。

這種台日溫度差讓我想到當年在東京讀專門學校時的事。學設計出身應該知道，在學軟

體之前，一定要先學手繪跟設計觀念，學好來再學軟體才對，要是沒有前面的訓練，光是會用軟體，那充其量只是個美工。

這件事我當年有深刻的體會。我在台灣也是設計相關科系畢業，但是在分組時主要工作是企劃、整合還有上台發表跟回答老師問題，也不愛去上課，以至於基本功還有觀念學得不好，但混到畢業軟體方面倒是 2D3D 都略懂略懂。在東京進入專門學校第一年都在手繪，各種畫材各種折磨。班上小朋友們有幾個科班畢業或是以前就很愛畫畫，畫出來的東西跟我比根本天堂跟狗屎。

後來升上二年級要開始電繪了，一開始繪圖軟體基本功能根本難不倒我，看著班上一堆高中畢業才剛碰電腦的人們，瞬間有種優越感，但不出幾個月，變態還是一樣變態，用電腦對他們來說只是換了個工具。

做人、交友還有結盟這件事，也許課程裡面都沒教，但就跟設計教育裡的手繪跟各種設計理論一樣，沒有學會，後面學了再多模式，會用再多工具成果都有限。

但在騙子那麼多的台灣，要學會信任然後找出可以信任的夥伴似乎也是一道難題。

另一條主線：中產階級自救會

在提出中產階級自救會這個想法時，我曾經被問過：「為什麼要那麼執著於中產階級？」其實答案很單純，因為身邊朋友分佈大概都落在中產到富裕圈之間。之前似乎也有某個政治人物說過「中產階級是安定社會的力量。」當初我沒有很認真思考這句話真正的意涵，直到最近幾個 FB 專頁的讀者來加賀找我玩，跟他們聊了聊才對這句話中涵意有了初步理解。

中產階級雖然不至於可以揮金如土，但在經濟上以及心態上都有某程度的自由。讓他們不至於對富裕層跟貧窮階級在情感上有太多成見。我自認因為交友圈平均分佈，自己對富裕層與貧窮階級都有某種程度的認知，而不是只透過媒體資訊來了解。階級間的對立

跟仇恨，是社會發展的阻礙；理解共生才是進步的開始。之前 PTT 男人版有一個討論串在講為什麼有些有錢人整天哭窮。其中一篇文章裡講了一個故事：古代有兩個老農民聊天，暢談皇帝的奢華生活，一個說「我想皇帝肯定天天白麵饅吃到飽！」一個說「不止不止，我想皇帝肯定下田用的都是金鋤頭！」

網友認知中的「有錢人」交友圈中時不時都會有家裡富到突破天際的人，身邊總是看到這些人要大家怎麼覺得自己很有錢？但把範圍拉更大來看，其實這群整天哭窮的「有錢人」，經濟水準在社會上應該已經是中上了，他們的窮不是真的窮，而是透過比較而來。

也曾有一篇文章寫道「有錢人務農叫慢活，窮人務農是魯蛇。」而原文也舉了很多例子來討論為什麼要先貼上一個成功者的標籤，再來講他去務農這件事才能增加認同感，文中也試問「難道一般人去務農就不能成為勵志的故事嗎？」先不論務農這件事，看得懂的人就知道文章重點不在務農，而是選擇。有錢人擁有的選項比較多，因此選擇務農可能在某種程度上有一定的原因跟動機，而沒錢人務農，大家刻板印象中大概就是都市混不下去只能回鄉下種田。在這時候因階級間相互的不理解，反而成了笑話，想想實在有點諷刺。

而這樣寫的用意，在於表達有錢人了解也達到那個大眾想像中的理想生活後，才選擇另一條路。但一般人務農，就沒有這層寓意在。

站在有錢人或是中產階級的立場，大家習慣往上爬、往上比較，因此身邊只有比自己有錢的人，或是比自己厲害的人，久而久之當然覺得自己很窮或是很廢，至於窮到下一餐在哪都不知道的正宗窮人，通常很難出現在富人的社交圈裡。

反之站在窮人的立場，通常對有錢人的想像就是「反正就是有錢，其他也沒什麼了不起！」要知道很多事情的價值是有錢以後才相對容易建立，因為在沒有金錢壓力逼迫下，人才能開始追求更多價值。比如之前我自己專頁某一篇文章聊到吃。吃可以吃得很有品味、很有學問，但是人每天都要吃飯，所以變得好像大家都可以插嘴評論。那篇甚至有人留言「反正還不是有錢就可以吃，我看那些師傅遇到有錢人還不是畢恭畢敬！」

之類的言論。並不是吃了多貴的餐廳，消費多高級的東西，品味跟氣質就可以跟人平起平坐。

再說到另一個富裕階級入門商品：名牌，之前家人曾說過：「不要以為買個 outlet 名牌就可以跟有錢人平起平坐。名牌之上還有名牌，這之後每年每季都有最新款、還有限量款，要是想留在那個圈子，不跟人一個接一個換，馬上就被看破手腳了。」真正有錢人的世界中不一定每個圈子都會比名牌，但他們真的要比起來，不管在消費單位，還有衡量各種東西的標準都脫離常人的理解，有時候甚至連中產階級都難以理解。

我自認沒品味，舌頭沒那麼厲害，眼睛跟耳朵也沒多好，所以跟美食、美酒、音響等等娛樂都無緣。但是在認知上，我至少知道自己在什麼議題上該站在什麼位置，我想這就是中產階級跟富人對話的開端。至少在這部分兩個階級間還有共同語言。

撇開興趣，富人的成長跟自我實現，也不是窮人能體會的。比如大家常在年輕創業家成功故事下酸人靠爸，其實更多看不到的是有些人就算出生拿了一副好牌，還是可以把自己玩到萬劫不復。就算起步靠家裡資源，自己的努力跟機運還是很重要。只是有錢人家的資源可以做到把努力的成果放大幾百幾千倍，而失敗後卻可以輕易粉飾太平。簡而言之，「有錢人人生的容錯度非常高，有錢人子弟的成功失敗，也只有圈內人懂。」

M型化社會造成中產階級減少，也就意味著窮人跟富人間的緩衝正逐漸消失。要怎麼消除這個斷層，在我到加賀市這半年後，內心多少有了一點答案。這社會該追求錢買不到的價值，但是因為大家普遍都太窮了，以至於越來越看不到那些東西，這點是我覺得台灣最可悲的。

中產階級自救會也被朋友戲稱為中產階級安全網或窮人的獅子會，設立的初衷除了保護大家不會因意外落入貧窮階級，以更宏觀的角度來說，也可以為充滿階級對立的社會行成緩衝效果。畢竟在自救之後，可以用實質行動去影響富裕層、執政者跟關心弱勢的人通常都來自中產階級。

「對，就是窮人的獅子會，但是我們會員至少比你有錢。」當初被調侃後我這樣笑著回答，不過有一天真的成立了中產階級自救會的話，那我們該怎麼透過集結來讓自己變得強大？要怎麼打破中產階級不愛欠人情的心理障礙，設定一個能共享資源的機制？又要怎麼讓一群原本不熟識的社會人士彼此放下成見，成為擁有共同理想目標的夥伴？這些問題此刻的我還沒有答案。

## 資料補充

鐵捲門商店街：日文為シャッター通り或シャッター商店街。指店鋪大量倒閉後，整條街只看得到拉下鐵捲門的店鋪之情況。為 1980 年代後期由於產業衰退、少子高齡化與都市結構變化等因素影響而大量出現在日本各地的社會問題。

2018 北陸豪雪：又稱平成 30 年豪雪，指 2017 年 11 月至 2018 年 3 月發生的大雪。此豪雪在北陸造成交通網中斷、因電車停駛乘客 430 人受困超過 15 小時、物流網中斷、斷水、停電等災害。福井縣積雪高達 147 公分、加賀部分山區積雪來到 170 公分，為 1981 年五六豪雪以來的新紀錄。山形縣豪雪地帶也累積了 445 公分的積雪更新了最高紀錄。同時西日本也達到了 32 年未有的低溫。

人生百味：人生百味是一個以消除都市貧窮為目標，以創新與實驗性計畫，試圖轉化根深蒂固的貧窮議題

芒草心：芒草心是由一群服務街友的第一線人員組成，2011 年成立，一開始以國際交流為主，和日本、香港、韓國等地的第一線服務人員交流經驗，互相學習。 從 2014 年開始擴展版圖，以更實務的角度協助無家者及貧困者。除了開始實際規畫執行無家者自立方案，如街友導覽 （街遊）、真人圖書館、艋舺走撞、無家者街頭講堂、潭馨園女性據點、友善宿舍、街頭外展服務、自立支援中心；也著手舉辦流浪生活體驗營，期望透過更多體驗與交流，進一步幫助外界了解貧困者的生活樣態。 並期待透過這些方案的推動，培力服務對象，除了足以自立之外，更能進一步為自己發聲。

禾餘麥酒：

遠野物語：日本民俗學者柳田國男於 1910 年發表的小說，關於岩手縣遠野地方的鄉野傳說。內容描寫天狗、河童、座敷童子等日本傳承中的妖怪。

https://www.youtube.com/watch?v=UpksSx80Vf8&t=
參訪買賣（視察商売）：行程除了提供給一般遊客的飲食與住宿外，內容著重在商業模式解說與組織發展介紹。因近年來日本社區營造與地方創生知名案例太多，引起相關組織與各地方政府陸續前往參訪，知名案例經營者多次接受參訪後逐漸顯現出疲態，因此為同業、教育組織以及政府官員設計的付費參訪行程，也慢慢成為一種商業行為。

311 東日本大地震：參照序章資料補充。
第三場所：依存於社群，並與自宅、職場隔離的場所。為美國學者 Ray Oldenburg 在著作 The Great Good Place 中提到的理論。第三場所需具備以下條件：1. 免費或能以低價格使用，2. 提供餐點或飲料，3. 交通便利，步行可到達，4. 友善且舒適，5. 可以找到老朋友與新朋友

自由大學：由設立於 2005 年的株式会社スクーリング・パッド經營。以「廣大的學習，自由的活著」為主旨，開設各種獨創的小班制課程，目前已累積有 2017 種課程與一萬名以上的畢業生。

greenz：NPO グリーンズ設立於 2006 年，是以報導社會企業案例為主的網路媒體，同時也以其社群影響力，接受政府與企業委託經營課程、研修等事業。

Ridilover：株式会社 Ridilover 創立於 2013 年，以研修、旅行與網路媒體為事業主體，並以打破社會的冷漠為主題，設計了一連串帶人走向社會問題現場的行程。

社區營造：一般而言，社區營造針對不同種類的社區議題而行動，日本宮崎清教授主張將這些議題區分為「人」「文」「地」「產」「景」五大類。「人」指的是社區居民的

需求的滿足、人際關係的經營和生活福祉之創造;「文」指的是社區共同歷史文化之延續,藝文活動之經營以及終身學習等;「地」指的是地理環境的保育與特色發揚,在地性的延續;「產」指的是在地產業與經濟活動的集體經營,地產的創發與行銷等;「景」指的是「社區公共空間」之營造、生活環境的永續經營、獨特景觀的創造、居民自力營造等。簡單來說像社區大學之類都算是其中一部分。

觀光創造塾:由公益社團法人石川縣觀光聯盟所主辦的課程,包括從企劃撰寫、市場行銷、國際觀光集客、引導師入門訓練到資金籌措等為期約一年的系列課程。內容比起聽課更注重討論與分組作業,並期待透過畢業生的全方位連結,產生更多異業結合的機會藉以振興觀光產業。

---

※ 部分原文改編自原作者專頁〈東京裏物語〉

# 第 3 章
# 一百個人的一百種人生 ——
# 社區營造學校光輝塾

## ●● 1. 重回加賀市

舞台再度從日本全國拉回加賀市。石川縣加賀市,位於福井與石川縣的交界處,在我赴任的 2018 年一月還有 67207 人,但撰寫此書的 2020 年總人口已減少為 65925 人。加賀市役所對此除了設立人口減少對策室擬定各種對策外,在 IT 及教育等政策方面也下了不少苦心。

我的直屬科室人口減少對策室除了引進 NCL 以外,也以地域振興協力隊的名額聘請了農業、移居支援與 IT 等人才。而接下來要聊的就是這些協力隊第一期前輩們創立的社區營造學校。

## ●● 2. 社區營造學校光輝塾

說起加賀市的社區營造學校起源必須從位於加賀市深山中的東谷地區復興計畫開始。計畫剛開始由中央政府農林水產省主導,他們認為復興地區第一件事就是要有人,於是就派遣

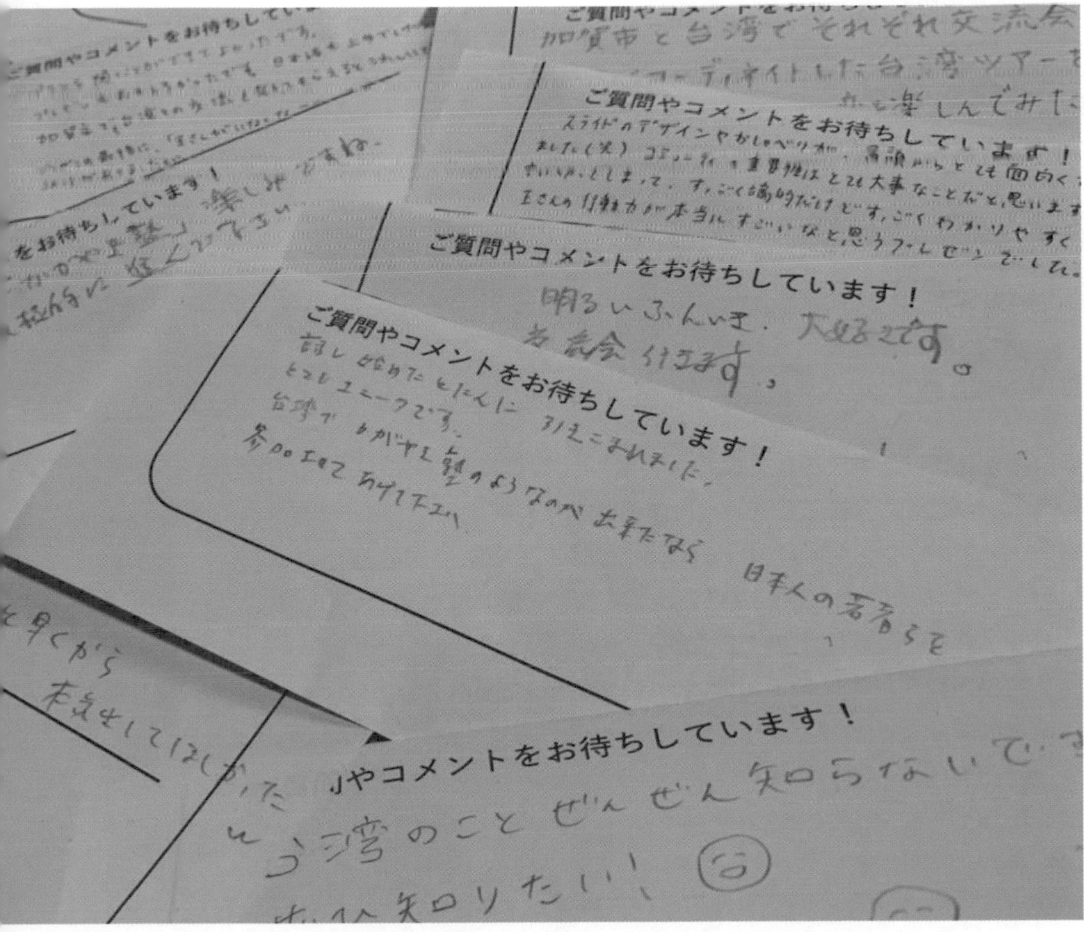

ご質問やコメントをお待ちしています！

加賀市と台湾で それぞれ交流会
…コーディネイトした台湾ツアーを
…も楽しんでみた…

ご質問やコメントをお待ちしています！

ご質問やコメントをお待ちしています！

明るいふんいき、大好きです。
お絵かきます。

話しかけたもたんに アリをこみれれた。
とてもユニークです。
台湾で … お友だちなら 日本人の若者らて…
多クロエコて あげて下さい

ご質問やコメントをお待ちしています！

…やコメントをお待ちしています！

台湾のこと ぜんぜん 知らないで…
もっと知りたい！ ☺

了顧問尾野寬明前往加賀開辦了社區營造學校光輝塾的第一期。當時大肆宣傳、也因課程免費，參加者眾多，但在為期半年的課程中，大多數人後繼無力，到畢業時只剩幾個而已。

而留下來這幾個畢業生，認為學校的模式有益地方發展，也願意一起辦下去，於是就向加賀市提案，最後官方也同意利用地域振興協力隊經費來延續東谷地區復興計畫。而實際上這筆經費就是用來聘請第一期畢業生堺來將光輝塾繼續經營下去。而後來協力隊其他專案負責人陸續到任後，市役所也同意無論以工作人員或學員身份參加光輝塾都可以算在工作時數內，於是就這樣協力隊隊員到任先花半年參加光輝塾也成了加賀市不成文的規定。

下面就從我採訪創辦人尾野寬明老師那次聊起吧。

## ●● 3. 行動者培育學校系統創始人尾野寬明

這天在加賀市某個老屋再生空間裡，台灣籍地域振興協力隊隊員與負責指導日本 20 個行動者培育學校的導師尾野寬明，正在新學期課間談論日本行動者培育學校的議題。

尾野寬明（おの　ひろあき）1982 年、生於埼玉縣，是總務省地域力創造顧問、島根復健學院特任教員、地域合作協調人有限会社エコカレッジの代表。以加賀市的社區營造學校「光輝塾」為首，主辦與協助在全國 20 個地區創設的日本行動者培育學校。2012 年被朝日新聞 AERA 選為「重建日本

的 100 人」，2014 年在內閣府舉辦的「地域再生大賞」中受頒最優秀賞，目前經手全日本約 20 個日本行動者培育學校。出版《「不勉強自己」的社區地域營造學校：從自己開始的社群建構（「無理しない」地域づくりの学校：「私」からはじまるコミュニティワーク）》

尾野老師 19 歲時在東京開了網路中古書店「エコカレッ」，2006 年把總公司整個搬到島根縣的山裡。他利用偏遠地區房租低廉及來客稀少的特性，創造出半永久性保管稀有貴重專門書籍的書店。以「與人口外流戰鬥的網路二手書店」作為招牌，創造出新的工作機會。同時也利用書籍「只要好好保存就不會腐壞反而會增值」的獨特性質，提供這些書籍給島根縣各個位處偏遠地域的餐廳或商家，將書放置於各空間中，以利商店街再生與圖書普及活動。另外，他找出「只要有電腦，誰都可以做的工作」，提供身障人士工作機會。現在為了實現新的定居政策，在島根縣江津市成立「NPO 法人てごねっと石見」，進行都市年輕創業者的招商活動。

尾野老師說，自己以前在東京創業時有段苦日子，而且覺得自己一點也不特別，但是來到島根瞬間就得到各式各樣的援助跟人脈網路。根據自己的實踐與經驗，老師也提出了獨特的定居理論，並與縣、市村町攜手合作執行了巴士觀光遊程、創業競賽、地域製作人養成學校等等企劃案。以「在大都市是三軍，地方都市是二軍，但是到了鄉下明天開始就是一軍」作為關鍵字，尾野老師也持續對尋找機會的都市年輕人傳達移居跟返鄉的魅力。而老師本身也是「兩據點生活」的實踐者，每週往返於東京及島根之間，作為連結都市與農村網路的中間人，現在也不斷思考要如何對地域營造有所貢獻。

談起老師當年的豐功偉業，首先是書店專案，這不免俗要從營業額開始說起，書店從 2006 年開始，年營業額約 1300 萬日幣，而到 2012 年成長到 6000 萬日幣。藏書 12 萬

冊，網路通路佔了整體業績的 9 成以上。員工中一般人有 9 位，身障者則有 6 位，提供書籍給餐廳與商家的系統現在與 6 間店舖合作。再來是定居政策專案，他參與過海士町的巴士之旅「都市農村交流事業（AMA ワゴン）」（平成 18 年到 20 年之間舉辦了 15 次，參加者超過 500 人），爾後吸引了接近 20 名青年移居。之後企劃的創業比賽「Go-con2010・2011」每期都召集了接近 30 位參賽者。為了配合政府政策，平成 23 年也舉辦了「島根縣商業競賽（島根県ビジネスコンテスト）」，在參賽的 25 個計畫中，也產生了四位移居者。

同年度在島根縣雲南市開辦地域製作人養成學校「幸雲南塾」，募集了雲南市以及周邊地區「想在地域跨出第一步」的 13 位年輕人，畢業後大家也活躍在各個領域，「幸雲南塾」後來也隨之成為想在地方行動的年輕人們聚集之處。可以說是在都市創業有成後，將模式帶到地方去，進而讓模式長成系統，再影響周邊其他的區域。

● 地區營造學校是希望幫助在地人自我探索與學習提案後，共同累積實踐的資本

行動者培育學校（担い手育成学校）在日本，剛開始是由政府投入經費，民間帶頭經營，至 2011 年開始到現在已經第八個年頭，而畢業生們創造出的案例，很多也在日本地方圈令人津津樂道，而行動者培育學校究竟是什麼？在上些什麼課呢？就由尾野老師這個人開始說起吧！

第一次跟老師見面是在加賀社區營造學校的第一堂課，當時他分享了很多地方前輩們做的事，還有從首堂上課，到最後社區企劃如何形成的過程。老師是個很好相處、幽默也有料的人。年初連假時，大家聚在一起舉辦新年會，用餐後，主辦人拿出墨寶跟宣紙對大家說：「我們來書初吧！」書初（kakizome）是日本新年的傳統活動

之一，從古代宮中文人開始興起，最後流傳到民間，換言之，就是大家要拿毛筆寫下新年目標或是願望。而一如往常，這種活動大家都會推來推去，誰都不想帶頭。這時候尾野老師就說：「這種東西輕鬆隨意就好了啦！大家得失心不用太重！」於是他大筆一揮畫了一坨屎，不要說內容了，甚至連字都不是，大大降低了下一個書寫者的負擔。於是大家就在一片嘻笑聲中輪流完成了初書，尾野老師就是一個這樣的人。

一開始參加加賀社區營造學校的時候覺得招生方向很模糊，只知道課程主軸是「自我探索」後寫出自己的企劃書，最後在眾人面前公開發表。在發表後可以產生人際連結並達到資源共享的效果，然而這樣的活動內容描述彷彿是在做直銷，推廣理念的過程不容易，老師開始成立這樣的學校目的是什麼？

「其實當年第一間日本行動者培育學校是由島根縣的政府提出，他們想辦一個課程來凝聚地方人士，然後需要有個主題。而那個時候當地有人想創業、也有些人想解決社會問題，然而能跟大家討論這些地方事務的人好像只有我，所以『設計課程』的任務自然就落在我身上囉！」尾野老師如此回答，頓了一下他又繼續說道「一開始在設計課程的時候原本想弄得像大學設的研究室一樣，大家可以像研究生一樣輪流發表自己的企劃，互相討論。至於為什麼要選擇『寫企劃』來當主題，是因為在日本要做什麼事，無論要跟公家或企業合作還是跟銀行借錢都需要企劃書。在這一關很多沒寫過企劃的人就放棄了，所以我想辦個學校教大家寫企劃，一開始透過固定格式，接著再訓練大家自己組織的能力，最後還可以上台發表。因此課程最後兩堂內容的安排，從尋找自己想做的事，到針對簡報還有發表技巧，其實都是為了符合最初課程設計的初衷。」

這樣的課程是用什麼樣的名義與方法招生，我本身在台灣就遇到課程招生不易的問題。加賀光輝塾（まちづくり学校）辦到現在已經邁入第五屆了，其他學校招生狀況如何？學生組成是什麼？

「依地區，大家招生的方式都不一樣，像加賀叫社區營造學校、其他地方就不一定，比如有些取叫『創業學校』就很淺顯易懂，另外想一句打動人心的招募廣告詞也很重要。『你的煩惱是什麼!?』、『開始一個解決地方問題的計畫吧！』、『開一家社會創新

公司吧！」然後學生組成也有很大差異，以全國整體而言女性居多。大概可以分成幾個主要族群，比如說育兒中的媽媽、小孩長大自己也退休約 60 歲雙薪家庭女性、三年後想要辭職開業的創業預備軍，另外地域振興協力隊員也非常多。」

● 協力隊的隊員們有沒有比較有趣的計畫？通常大家都提什麼樣的企劃案？

「計畫大概可以分成觀光類、醫療社會福利類、不動產、古民家再生（老屋改造）、農業類、林業類與教育類，各地協力隊隊員們在任期結束後也不少人在當地就業，工作類型也多采多姿，有人開補習班、有人開咖啡廳，也很多人從事自己獨創的工作。比較讓人印象深刻的計畫很多都是 A 類 +B 類 =C 類。」

「比如說很久以前在島根縣幸雲南塾（地域の未来に必要な人と仕事をつくりだす）有幾個畢業生，創立了一個叫 Community Care（株式会社 コミュニティ ケア）的計畫，在畢業發表的同時就已經成立公司開始行動了。而他們的計畫是結合護士＋地區醫療，現在政府的醫療預算緊縮，所以地方醫療資源不足，到府醫療認知度也不夠，因此很多老年人最後都在鬱悶的醫院生活中離開人世。由於任職協力隊的當期學員在自己工作上遇到這樣的患者，幾個相關領域的學員就開始討論該怎麼解決，最終設立了診所、到府照護、復健設施還有老人院，並連結體制內醫療，甚至還開設了培育人才的設施，現在提供顧問諮詢跟輔導，整個改變了日本的地方醫療現狀。」

除了大計畫之外，也有參與者找不到自己的方向但覺得上課很開心，想繼續跟大家一起學習的人。比如某位學員想不出要報告什麼，在最後乾脆在發表會煮咖哩飯給大家吃，來參加最終發表會的某位聽眾反而看上他的咖哩飯，最後每個禮拜都邀他去幼稚園教小朋友煮咖哩飯。

另外，有一個岡山縣的學員是看護，原本想成立一個看護社群，因為看護這份工作很辛苦，年輕人都做不久，來應徵的也少。所以計畫初衷是讓大家知道看護這份工作的價值，宣傳這份工作有多好可以幫助多少人。但是計畫寫到一半，有一次發表時她狀況不佳，報告後我就問：「這些事真的是妳想要做的嗎？妳問問自己的內心，做這件事快樂嗎？」沒想到當下學員居然邊哭邊說「對啊⋯我想做的不是這件事⋯」

在那之後花了一段時討論那個女生自己想做什麼、喜歡什麼，結果發現她是傑尼斯狂粉，幾乎演唱會開到哪就跟到哪。我就想說看護這份工作工時不是很長嗎？怎麼可以跟那麼多演唱會？結果她回答，雖然很難正常放假，但相對的排假很自由、還能連著排，她就利用那些時間去全國看演唱會。討論了半天，最終發表她也沒說要做什麼計畫，就是上台講了一堆傑尼斯的事。

爾後，很意外的是她「喜歡傑尼斯，然後利用排休去看演唱會」的事傳開，因此之後看護的招募說明會、還有高中都請她去演講，她也很高興地跟大家說「喜歡傑尼斯就來當看護吧！」最後還辦了看護們的傑尼斯後援會。

老師在之前有提到各項課程結束後，有 80％的人都會慢慢開始實踐自己的企劃，但是真正創業的人只有 20％對嗎？另外在辦學的預算面是如何分配？政府公家資源與民間各出多少？課程經營是誰在負責？社區營造學校這樣的計畫似乎不容易一下子看到成果，政府如何訂定關鍵績效指標（KPI）？

這個學校其實還包含了一個無痛創業的內含，就是讓大家畢業後可以進入創業準備期，做好心理、人脈與實際行動的準備，我們評估創業準備期需要三年，這個課程就為了讓

大家可以慢慢開始那個三年。當然學員中也有馬上開業的，但不是多數。

預算的話一整套課程由政府出資 90％，參加者自費 10％。承辦執行的單位有 NPO 也有社區營造公司，主要是由關心社會問題，或是想從事社會企業相關工作的年輕人組成，基本上大家都是當作副業跟興趣在做。一開始政府都會編三年期的預算，然後再看成果，也就是看 KPI 後再決定要不要續辦。基本上第一個就看每年招生的情形，若是招生不順利就不會續辦。

在指導學員的過程中有感覺到日本各地區的人個性上有什麼不同嗎？不同的學校會有跨地區的合作嗎？

就發言討論的狀況而言，有些地區的學員們話很多，也有些地區話很少。個性也大有不同，比如加賀市的人反應很快，懂或不懂都很快反映在臉上，但是同樣是石川縣，珠洲市的人就不太講話，不管懂不懂，大家都沒什麼反應。兵庫縣明石市的女性長輩很多，大家話很多所以很好帶，但是大家太踴躍有時候對講師來說也不輕鬆，要請大家注意聽、有時候還要用吼的，不然大家會一直講講講講到天荒地老。不同學校之間會彼此交流、訪問，而經營團隊間也會相互交流、共享人才還有情報。

當初行動者育成學校的計畫是怎麼來到加賀市？老師的下一步是什麼？對接下來想要執行地方創生政策的台灣有什麼話要說？

加賀的計畫是中央政府農林水產省發起。那時候加賀市東谷地區的集落再生計畫想要投入建立行動者育成學校的系統，因此就找上我來成立當時最早的光輝塾。現在在日本全國有 20 個地方已經投入行動者育成學校的系統，當然希望之後能更廣為人知。

雖然擬定政策很重要，但是培育人才這件事也很重要。光有政策，很多事一定沒辦法實踐，有政策還要有實踐的人，這些事才有辦法推進。一直以來大家都在講培育人才這件事，但最近我們除了培育以外更注重「發掘人才」，其實那些有潛力推動地方的人一直都在，只要透過這些學校點他們一下，之後這些人就會成為地方發展的推手。

## ●● 4. 光輝塾與我

我跟光輝塾的緣分，大概可以追溯到赴任第二個月參加三期畢業生最終發表會時。社區營造這件事都要從跟在地人打好關係做起，不管是去店裡捧場、參加活動或是一起出遊，總之抓到時間就要跟上，不然要做什麼事人脈基礎都不夠。但這牽扯到兩個困難點，首先是活動大家一定都辦在假日，所以要挑出自己需要優先交陪的人或組織優先處理，第二個就是銀彈，比如經營光輝塾的其中一位協力隊前輩是當地著名溫泉旅館的少奶奶，想去捧場她們家限定餐會一次都要好幾萬幾跳，這種等級的多交陪幾次就會人失血，所以像光輝塾最終發表這種不用錢又可以一次認識很多人的超划算活動我就算用爬的都要去參加。

那時我對光輝塾背後的意涵還一知半解，只知道是很多在地人一起上課然後最後弃個場地人家辦一場會有政府長官、關心社區營造的人跟畢業生親友團都來參加的大型發表會。現在回想起來台灣類似活動要是有長官在場剛開始一定會邀長官致詞，然後長官常常也不知道有沒有參加到最後；但在加賀雖然長官常常利用私人時間出現，卻不常聽到他們致詞。

聽完整場我光做筆記就手忙腳亂了。而那次聽完我覺得自己跟光輝塾學員們的距離還是很遙遠，只知道負責經營的是幾個協力隊的前輩們，之後就要從幾個月後招生說明會開始聊起了。

日本人取名字很愛玩諧音跟雙關梗。「光輝塾」也是取自加賀的諧音。加賀（かがkaga）、光輝（かがやき kagayaki）兩個單字加上個代表學堂的「塾」字，名字就這樣決定了。

這類為了振興地方而成立的各類團體，在各地都有不同主題與活動。光輝塾是屬於尾野老師系統中的學校，自然也跟其他地方同系統的學校有所交流。設立目的除了讓大家在鄉下生活中能找到新目標外，促進交流跟人際關係進而形成群聚力也是一大重點。就算再無聊的事都可以，幫大家都找個目標，有目標的人就會漸漸吸引其他人，之後有些可

能發展成生意，有些發展不成生意的，弄個地方媽媽團體或同好會也不錯。

大家千萬別小看地方媽媽，我在加賀認識的地方媽媽很多都是留過學、在大城市待過大公司、最後嫁給地主之類才成為地方媽媽，更遑論有些本身就是千金。這些人為了某些目標集結起來，組織力跟執行力可不容小覷。當然地方媽媽以外、地方婆婆也有些厲害的團體。可能會有人問說為什麼沒有提到男生的團體？雖然我的觀察還很淺，不過目前結論是男生年輕的被工作卡死，老了退休想參加個什麼同好會之類通常也滿有目標，不過女生在一起就不一樣了，想出來的東西除了有別於傳統各種同好會以外，也有常會有些有趣的想法。

有些計畫很認真、也有些計畫滿「鰤」的，但是就是這樣才能讓大家輕鬆的提案、互相討論，再尋找實現的可能性。雖然最終創業的人也不在少數，但光輝塾目的並不是創業，而是讓大家都可以找到自己想做的事，然後從過程中結交夥伴、練習表達跟邏輯性的思考。而這當中也包含了「認識自己」這個大目標。

這天說明會作為畢業生代表的西谷學姊就介紹了她參加過程中的心境變化。西谷學姊以前在電視公司做字幕相關的工作，後來嫁到加賀開始專心養小孩，漸漸她覺得生活很悶很累，不像以前當上班族時一樣充實，於是就想組成一個加賀人妻手作俱樂部兼共享空間！

結果課程又上了幾次，她發現自己根本沒耐心做那些手工藝品，一開始就要顧小孩所以當然也沒時間經營空間，然後也沒錢經營，加賀人妻手作俱樂部就胎死腹中了，到了最終發表會她決定從以簡單的圖文紀錄生活開始，希望

光輝塾半年一期，每個月上課一次，總共六次。每年目標跟舉辦地點都不太一樣。會場從寺廟，古民家到共享空間都有。

可以透過有趣可愛的圖文連結更多人。總之就是像這樣在輕鬆氣氛中思考，可以隨意提出計畫，自己覺得哪裡不好就隨時修改，最後有個最終版發表會，重點不是結果，而是在過程當中，透過工作坊跟講師還有夥伴互相拉拔，讓大家跟自己對話、也透過跟他人對話更了解自己。總之就是以心靈成長為主、擴展人脈為輔的一系列課程。

川賀市小家庭很多，光輝塾每次也很多人帶小孩參加，說明會就好幾個小朋友跑來跑去。但是像這種場合，就算主辦單位說「我們這裡對小孩子跟育兒家庭都很歡迎喔！小朋友也是我們的一份子喔！」之後還是會安靜一陣子。大家都在等人開第一槍。第一個小孩開始哭或是尖叫之後，全場就會漸漸失控，然後前面發表的人就要開始用麥克風了。

說明會後半段活動是簡單的工作坊，讓大家體會一下實際上課如何進行。聽完大家發表以後，我比較印象深刻的是有一個女生最後被點到出來講「最近在意的事」她說「大家知道羊駝嗎？我最近覺得羊駝很可愛，不知道有沒有辦法把羊駝帶來加賀用來做地方振興或是社區營造之類的啊？」正當她講完，大家一邊笑，我一邊默默覺得「不愧是光輝塾，果然夠鋯，

從簡報內容可以看到西谷小姐計畫的變化。從第一次的「想輕鬆的靠副業賺點錢」然後第二次到第五次專心計畫「人妻手作俱樂部」，最後一次突然變成「享受日常的四格漫畫與手作」說自己懶得做結果最後發表果然還是割捨不了手作。

喜歡羊駝的大姐姐來自山中溫泉的和果子店，經歷了打工度假與奈良的和果子店修行後，回到加賀繼承家裡的店。

這提案明顯想自肥」之時，主持人突然拿起麥克風「羊駝真的很可愛！不過用羊駝來做地方創生的梗已經被其他地方用過，而且就在我們旁邊的金澤喔！有興趣可以去參考看看」所以還真的有喔！？

「share金沢」是金澤市出身的雄谷良成氏經營的社會福祉法人設施，是提供高齡者、殘疾人士、大學生、志工等各種人共同生活區域，營造擬似城鎮的環境，然後裡面有羊駝，進去跟羊駝玩也是免費。這裡也順便提供給觀光客們一個可以去讓羊駝吐口水（欸）的新提案。

撇除這些有點脫線的發言以外，大多數人還是很認真的。但是可別小看這些脫線想法，當人們很認真去執行偏離常識的計畫時，往往成功起來都是很可怕的！所以塑造一個不管多沒常識的提案都可以輕鬆發表的環境就顯得重要了。

「提案可以很輕鬆，但一定要找出自己想做的事，因為只是照著功課敷衍的寫完那最後提出的計畫大家一定不會想去做。透過這些作業跟討論找出自己真正想做的事才是最重要的。」說明會最後，西谷學姊這樣告訴大家。說明會上另一位分享者不是畢業生本人，而是畢業生的老婆。主持的前輩問道「妳覺得先生參加完這半年有什麼改變嗎？」「其實我老公是一個很木訥的人，在陌生人面前常常會講錯話，但是經過這半年感覺他在外人面前講話比較自在了，最讓我驚訝的是最終發表會那麼大場面，他居然可以在台上談笑自若，我真的很驚訝。另外原本只是工匠的他也開始了自己的品牌，之前就有聽他講過，但要是沒有光輝塾這個契機的話不知道還會拖多久。」雖然聽說不一定百分百錄取，但當下參加完說明會後，我還是馬上遞出了報名表。

羊駝，有一陣子在網路上被稱為草泥馬。

## ●● 5. 第一次上課

「大家好！雖然我是台灣人，但是不是一般的台灣人！」「嗯？什麼意思？」「要是我做了什麼事大家覺得我還不錯，請大家了解台灣人都就是這麼好；要是我幹了什麼事你們覺得很北爛，請當作我的個人行為，不要誤會其他台灣人。」第一堂課就來個很有我風格的介紹當開場白，比起某些幹了北爛事就假裝中國人的傢伙還要負責多了（欸）。

除了地區活動中心以外寺院、古民家也都是上課地點，每次保證下課讓不習慣和室的你腰痠背痛。

這天是四期生第一次上課，也是我被通知錄取後，第一次見到其他同學。幸好協力隊有保障名額，不然我還真怕自己被刷掉。這期間我也跟負責篩選的前輩聊過怎樣會被刷掉，並不是說學經歷不好還是長得不帥不美，而是看學員平均水準。如果同期中有幾個已經在進行自己計畫的行動者，那其他人壓力就會很大，如果把錄取程度提高，那就必須所有學員都一樣才行，這個錄取策略也是為了保護玻璃心大人們。

光輝塾到了第四期，尾野老師已經退到畢業生組成的經營團隊後面成為顧問，在為期六次的課程中也不是每次都會到場。但今天第一次上課的開場是由他親自上陣，介紹社區營造學校的精神還有其他區域前輩們畢業後做了些什麼事。

老師開場就介紹了很多 A+B=C 的案例，聽完盡是些在日本各地方前輩們不可思議的事例。課程結束之後則是學員發表時間。主題是：「大家用盡全力自我介紹！」老實說我很不擅長自我介紹，因為每次都會講到超過。光輝塾課程設計背後有很多隱藏的訊息，其中一個是希望學員們參加完以後能說出一段完整的自我介紹。透過課程重新認識自己以後，整理出構成自己個性中最重要的部分，再思考怎麼扼要地跟人介紹自己。

之後同期們也一一上台介紹自己來參加「光輝塾」的原因，其中有兩位令我印象深刻。

「我一輩子都按照身邊的人跟社會的期望前進，在對的年齡升學，對的年齡工作，對的年齡結婚生子，也理所當然做了家庭主婦，現在人生已經過了大半，小孩也都長大，其實常常羨慕那些『有點奇怪的人』，在我眼中那些做自己的人真的很厲害，經歷跟本領都引人注目，很偶爾在一些社交場合或是活動裡遇到，都會想『要是我以前也跟他們一樣忠於自己內心而活，會不會有完全不一樣的人生？』雖然現在年紀已經有了，但是這次我想透過光輝塾來做一些不一樣的事。希望我也可以成為那種別人眼中有點奇怪的人！」在聽了這位大嬸介紹後，覺得滿有感觸，因為人生一直沒有走在正常人的軌道上，久而久之反而不了解一些「像教科書一樣的樣版人生」到最後會來到怎樣的終點，畢竟社會上那些幾歲該做些什麼的共識，大概到 30 幾歲結婚生子背個房貸以後就沒下文了，之後可以說是個謎。「原來這樣的人是這樣想的啊…」此時我不禁在心中感嘆了一下。

後來上台的是個 B-BOY，興趣是跳舞，理個平頭，長相有一點點潮，但是打扮很規矩。「我現在是個上班族，平常興趣是跟兒子打棒球。一直以來我在公司扮演一個好職員，在家裡就當個大家期待的好爸爸，但是一直覺得這樣的生活有什麼不夠，這不是真正的自己，雖然在工作上的肯定，還有家人給我的，我都覺得很棒，但就是少了什麼。不知道該怎麼講，我想活得更像自己，我喜歡音樂，喜歡跳舞，我想改變，所以來了。」說以後在主持人引導的話題中，台下聽講的親友也舉手發表「我知道他很久了，因為我們家裡兩個人跟他同職場，印象中在工作上他真的很可靠，保育士的工作要面對一堆煩人的事，他也從來沒有露出一絲不悅，

政府活動叫常常沒梗地方報來採訪是一定要的（我在最右邊）。

工作能力又強，可以說是大家眼中可靠的標準好男人。」「我跟你說其實我只想當個 B-BOY」說完大家又是一陣爆笑。

實際參加了第一回，才知道自己之前對社區營造學校的認知有多膚淺，也才發現那些看似脫線的計畫背後，有著一個個看似平凡，卻又刻骨銘心的人生故事。而每個故事的主角，都期待在課程中能邂逅改變自己人生的契機。

自我介紹同時，大家會用進場時拿到的便簽寫下感想給發表者；因此白我介紹跟發表完自己暫定計畫後大家都會拿到一堆便條紙。看看大家對自己的想法也滿有趣的。

結束後的續攤中，我跟其他地區來觀摩的大嬸前輩聊了不少。「最近台灣有一篇文章在說日本數據樸實，所以驗收實際成果時比較實際。拿日本的數據跟案例換去台灣公部門提案時根本就上不了檯面。台灣要跟公部門拿案子，每個提出的數據跟願景都是超英趕美，然後拿到經費以後卻是敷衍了事，政治家任期到了就砍掉重練。反之日本就是一步一腳印，雖然數據不好看但是很樸實的穩紮穩打。對這篇文章前輩有什麼看法？」「你確定他寫的真的是日本嗎？（大笑）全世界政府會做的鳥事都差不多啦！叫他不要有太多期待了。厲害的案例永遠是少數啦！」

每個地方的行動者育成學校（通常學校主軸會依供應預算單位相關名稱命名）都依附著政府的經費跟專案辦理，也因此怎麼靠畢業生們將一個個在地學校延續下去成了大家共同的課題，當然也有些辦過一屆就泡沫化，不是每個都那麼順利。

## ●● 6. 後來的課程

行動者育成學校有一套基礎課程，之後會隨著每個地方上課情形跟成員再做檢討跟調整。半年的時間過得很快，而我也親眼見證了新年度的社群是怎麼凝聚還有某些人怎麼離開。首先是男人們，第一次上完課後不知是什麼原因，之後每月一次的課程幾乎都只有我一個男人參加。另外兩個人完全沒出現。

過程之中，以職業婦女為主的女生小圈圈也漸漸形成，在續攤跟私下聚會裡，也以「女子會」的名義舉辦，直接將我排除在外。因此畢業之後，比起同期的人妻團，我跟學長們的關係反而更近。

六次的課程，因為常常跟其他工作重疊，常常在昏沉中度過，但每次上課我是一定出席，尤其最後兩次簡報整理跟發表，是難得可以在加賀居民，以及長官還有個團體代表們面前發表的難得機會，我刻意花了時間修正簡報，還請了兩個日文家教線上幫忙修正講稿內容，原本很習慣在人前用中文說話的我，把那麼大的期待押在一個日文發表會上，也是經驗難得。

發表會當日盛況讓人印象深刻，而辛苦準備的發表內容也獲得了好評，這下我總算是順利在加賀出道了，之後因為這次發表而促成的合作跟活動邀約也很順利，要說是社區營造學校救了我真是一點也不為過。

而同期成員中，扣除同為市公所聘員的同事外，不乏原本就處於「想做些什麼，但還在摸索」階段的人，以及「已經決定要做什麼就差宣傳」的人。也就是半數人在參加前早已決定自己大概要做些什麼

會後大家熱情的意見如雪片般飛來。

事，只差怎麼把那件事具體規劃執行而已。

但無論來的原因是什麼，大家都是為了追求社會連結才聚在一起。

## ●● 7. 前輩們的故事

### ● 第一期畢業生／加賀市光輝塾之父——堺正憲

說起加賀市光輝塾的誕生與軌跡，除了打造行動者育成學校系統的尾野老師以外，就非得提到加賀市地域振興協力隊第一屆、同時也是光輝塾第一屆的前輩堺正憲不可了。

他當年被公司調到加賀支援設廠，並在假日以義工身份參加各種社區營造活動。從農業、支援啃老族的社會福利到最後辭去工作全職支援社區營造學校系統延續，在加賀市社區營造圈如果要選出一個超級行動者的話，我一定會把自己的一票投給他。

時間倒轉到數年前某一天，當時發生的大事件，改變了原本在東京外商化學公司任職，領著不錯的薪資，與老婆跟兩個小孩過著安穩生活的堺。那個事件就是 311 大地震。一場地震葬送了無數人的未來，也在另一群人的生命中投下了震撼彈。

「看到那個化學工廠的爆炸影片了吧？我當初就在隔壁，爆炸瞬間我腦中一片空白，什麼都沒辦法思考，只覺得自己的人生要結束了。」一次訪談中，堺邊拿著手機給我看新聞畫面，邊描述著當時自己的心境。

「我是一個很享受跟朋友一起努力過程的人，結果當然也很重要，但過程更讓人開心。」他如此說道。當年任職的外商公司奉行實力主義，多年來自己在一次次裁員中生還，隨著階級與薪水越來越高，當初一起奮鬥的同期也越來越少，轉眼只剩下自己孤身一人。

對這樣的狀況隱約感到不自在的他，在經歷了工廠爆炸後瞬間，腦袋中好像有個開關被按下了，「對！我要過的不是這樣的日子！」之後他毅然決然接下了公司擴廠的任務，離開東京來到遙遠的北陸，也開啟了他人生的新道路。

「你說辭掉工作的時候喔？我老婆當然反對啊！不過當初結婚時我已經有說過自己不想一輩子過上班族的日子了，她應該早就也知道啦！」「但是哪有那麼簡單啊？你們還有兩個小孩欸！」「對啊！你很懂嘛！實際上真的要辭她也是快崩潰，但我們家發生爭執時就要開家庭會議投票，還好我兩個兒子是笨蛋肯投我一票，哈哈哈哈哈！他們說『爸爸想做自己要做的事很好啊？有什麼不行？』他們那時候還小，沒有對家庭收入跟經濟問題沒有概念啦！哈哈哈哈哈！」我跟堺前輩對談時，他總是會爽朗的大笑，但逐漸步入中年的我，也能體會這對一個育有兩子的單薪家庭來說是多麼沉重的決定。

2015 時，加賀市社區營造圈某知名前輩利用國土交通省的偏鄉再生計畫找來了尾野老師，並招生了光輝塾第一期。當時還是上班族，以義工身份參與社區營造活動的堺就是一期生其中之一。

然而當年第一期課程並不順利。因為使用預算因此免費提供課程的緣故，大家在第一堂課之後漸漸變得愛來不來，最後順利畢業的人寥寥無幾。而一期畢業生與講師受到課程內容感召，大家商量著要如何把這個系統延續下去時，堺自告奮勇地說：「我在這裡也有很多想做的事，不然我去跟市役所談談好了！不是有什麼什麼協力隊的制度嗎？」

地域振興協力隊制度，雖然可以提供社區營造或地域振興的行動者們基本收入與活動的身份，但以堺的家庭經濟狀況來說，一辭掉工作就可能入不敷出，妻子的反對可想而知。

即便如此，他還是排除萬難，以地域振興協力隊身份加入了加賀市東谷地區再生計畫，並用自己計畫中的年度預算延續了光輝塾，也順便拉了協力隊同期的夥伴一起下海，為了招生光輝塾第二期出錢出力。

二期生招生時，除了一般市民與第一期畢業生的親朋好友外，他也拉了協力隊其他人以

塾生身份參加，畢業後隊員們也對這個機制表示認同，陸續加入經營團隊。到了現在，光輝塾已經成為從外地來到加賀市的協力隊員與移居者認識地方與結交朋友的關鍵存在。

而在每個活動中，默默出力必要時也會出面主持大局的堺，也成了光輝塾裡大家心目中最可靠的大哥。

「你說當初下定決心有什麼關鍵喔？」「對啊！雖然地震跟爆炸衝擊性很大，另外還有什麼別的嗎？」「恩…我原本以為自己一輩子也不會提起這件事了…」「喔!?前輩趕快分享一下！」「這個嘛…要從那天的喝酒續到第三攤開始講起了」

某一天堺跟當年公司的夥伴們晚上喝到不知道要去哪，於是一群醉醺醺的大叔就叫車到了其中一個人家中，喝到不知道要幹嘛時，屋主突然說「誒！我家小孩有那個什麼什麼時代的DVD，不然我們來看好了！」「喔！韓國人造人每個都長的一樣啦！」「幾歲了還看那個！」「很無聊欸！」在大家瘋狂吐槽下，他還是堅持的放了少女時代演唱會的DVD，就這樣一群大叔從興趣缺缺到目不轉睛，最後已經完全中毒了！

「跟你說一開始真的覺得還好！但是一直重複看就會覺得越看越可愛，最後大家還在猜拳決定誰要支持哪一個，還不能重複！」經過一夜，某個外商化學公司裡誕生了一群少女時代狂粉，之後只要是演唱會，大家就會騙老婆們說要出差然後集體請假參加，就這樣大叔們迎來了新的青春時代。

「我決定要來北陸之前，就下定決心要從少女時代畢業了！畢竟這麼重大的決定，是需要伴隨一些儀式感的！」只見他眼神認真專注，但是在旁邊聽得大家早就笑得東倒西歪。現在堺依舊在加賀的社區營造界活躍著，而幽默卻又擅長領導統御的個性，也讓這位有趣大叔身邊永遠能聚集一群好夥伴。

● 第一期畢業生／運營團體主要成員中的唯一義工，第一屆地方創生會議大獎得主——
　飯貝誠

出生於加賀市的飯貝誠是寺廟住持的次男，他從小個性認真，對平均成績偏低的加賀市高中生們很不屑，於是跟青梅竹馬勵志一定要好好讀書離開鄉下。而兩人也如願考到了好大學，最後任職於日本知名 IT 企業成了人人稱羨的大公司上班族。

就如同前文提到的堺，飯貝的人生也被那場地震改寫了。

「這樣的人生真的是我要的嗎？」看著地震引發的無數悲劇，飯貝想離開東京闖蕩世界的想法日益增長，於是某一天他與當時已結為伴侶的青梅竹馬雙雙辭去令人稱羨的工作，花了 576 天展開了一場足跡遍佈世界的壯遊。

回到日本的飯貝，決定返回故鄉加賀市稍作休息。而剛經歷一段環遊世界大冒險回到故鄉加賀市的他，受學生時代恩師邀請，到補習班分享走出日本後所見所聞。之後一次次分享中他也漸漸意識到，日本教育為了升學而設計，不要說培養出能走出世界的人才，連高中畢業後該怎麼選擇大學科系都不知道。飯貝對教育領域產生興趣也是從這時開始的。

平常有點脫線，只要有酒攤每次都要喝個爛醉，我還開車送他回家過幾次，但只要進入狀況，就是個令人敬佩的老師。飯貝在加賀市除了住持的兒子以外還有兩個身份：旅人學舍的老闆兼講師，光輝塾經營團體主要成員之一，也是唯一沒領政府薪水的成員。

先把時間拉回光輝塾一期生畢業後。當時寥寥無幾的畢業生跟講師們正煩惱著要怎麼將行動者育成學校這個系統延續下去，除了堺自告奮勇辭去工作以政府契約職員一地域振興協力隊隊員的身份扛下公部門橋樑一職以外，其他畢業生也紛紛自願幫忙招生或是擔任講師，而飯貝則透過自己在光輝塾中的計畫，開設了補習班旅人學舍，順帶提供了光輝塾接下來的場地，也與堺一同扛下主要幹部的大任。

「你們的學習也許到考上大學就結束了，但是你們的人生從考上大學以後才剛開始。」聽到他講這句話時，是第一次對他感到敬佩，其實從東京來到加賀的我，跟大部分社區營造圈的行動者們年紀差不多，雖然平常打打鬧鬧，但有時一起工作，或在某些情況，都會看到大家令我敬佩的一面。

就如他所言，考上大學雖然教育看似就結束了，但人生才剛開始，這句話也隱含著他所經營的另類補習班：旅人學舍的精神。不只提供學生教育、也提供成人教育；不只服務對社區營造有興趣的人，更歡迎對社區營造沒興趣的人，打造跨世代、跨同溫層交集的機會與場所，永遠不忘旅人的求知慾與冒險心，這就是旅人學舍的初衷。同時飯貝也以這個案例拿下了全日本地方創生會議的大獎。

雖然每次聊到，他都會謙虛的說：「只是在演講比賽裡得獎而已沒什麼啦！後面的經營才重要。」在光輝塾畢業生中誕生的創業者其實不只飯貝一人，也因此每次招生時他們都不段強調：光輝塾不是創業學校，而是希望把大家的理想化為行動的課程。

某一天他在臉書寫下的動態，也讓我印象深刻。
「我想告訴你們在人生中什麼局面會用得上學校教的知識。」
「我永遠忘不了環遊世界時在巴西農場工作，那時曾經歷過的無力感。考試的分數跟大公司的職歷算什麼？在這個跟頭銜完全沒關係的世界，自己讀過的書到底什麼時候能用得上？而這又能讓誰獲得幸福？雖然在中學我們都學過電力，但是這要怎麼運用在工程上？麴要怎麼發酵？細菌是什麼？把作物的種子隨便埋進土裡就會發芽嗎？我們是使用知識拓展世界的行動者，也該教育學生成為這樣的人。」
主攻高中教育的旅人學舍，在 2019 年左右也導入了「高中生個人計畫」學程。這是因應日本教育改革而誕生的一個全國性教育組織，只要自願加入，聯盟就會提供免費的教材供大家使用，每年度也有一次全國高中生個人計畫發表大會開放給全國高中生參加。以架構上來說，可以視為社區營造學校系統的高中生版。

「老師不是教大家怎麼考試的人，而是告訴大家該怎麼把學到的知識運用在生活上的人。」在加賀，飯貝老師可不只是指導高中生的普通補教講師，而是跨足各領域、各年

齡層，促成各種同溫層相互交集的關鍵人物。

● 充滿魅力的加賀時尚教主，從東京嫁到加賀的老牌溫泉旅館老闆娘——山田真名美

在社區營造中，雖然正妹不一定是必須，但有正妹一定會讓各種活動辦的更順利，那如果有一個聰明伶俐的正妹，那當然是超順利啊！山田學姊是我在加賀市前幾個認識的居民之一，當初同事介紹時還畏首畏尾的說：「山田學姊跟旁邊那個竹內小姐是加賀市數一數二有名老店溫泉旅館的大小姐，你講話千萬要小心啊。」因為不動產業務時代厭倦了在東京那種上下關係而來到加賀市的我，對這種發言實在很受不了。雖然我當年也不是什麼大咖，大場面跟大人物也算多少見過一點，到了這種鄉下地方還是要受上下關係壓迫真心覺得累。

但俗話說強龍難壓地頭蛇，加賀可不比東京，才剛要在這裡起步的我如果得罪了地方勢力，那後果可想而知。「妳們好！之後還請多關照！」掛上工作用微笑，我邊打招呼，內心邊碎唸「嘖，我看是靠關係拿到市役所工作吧？」

跟協力隊的山田學姊，還有同是光輝塾畢業生的竹內學姊熟識，已經是半年以後的事了。初到加賀市時我只知道協力隊有一個前輩在經營移居主題的地方媒體。而當初剛看到網站的感想是「還蠻有質感的，但是專頁讚很少…不知道實際上有多少流量跟功效？」

經歷了一年，我發現地方媒體很多讚數不多，但是實際產生的連結、動員力或經濟效益卻比那些只能做傳統行銷、讚數卻不上不下的專頁強的多。型態跟一般認知中的「專頁按讚人數少就沒價值」完全不同。

說回前輩的專頁，她在協力隊契約接近尾聲時辦了一個感謝祭。不是那種脫光光的那種，而是邀請她目前為止在加賀採訪過所有在這裡努力的移居者們，大家一起來吃喝的大型晚會。看照片參加者親友帶一帶人還真不少！然後影片裡大家還一起唱她網站的主題曲！！靠！她一個300多人的粉專居然有主題曲！！那場面還真壯觀。透過她的採訪，

不論真的有多少人們移居到加賀，但是在這裡所連結起的人際關係確實存在。

「做地方媒體跟光輝塾的主辦單位這些事，其實對我這種負面的人來說也算是一種救贖吧？」在某一天一對一訪談中，她喝了一口咖啡，並緩緩開口說道。「當初來到加賀市我真的不知道要幹嘛欸！離開東京以後沒有朋友，也失去了熱衷的工作，每天就是逛逛購物中心然後回家，偶爾看到市役所的協力隊在徵求經營網路媒體跟移居顧問的人才，我才去應徵的。」「我當初以為妳是靠關係進去的欸！」「白癡嗎？怎麼可能？」她笑著回答道。

地域振興協力隊雖然是政府僱員，但不上不下的薪資跟福利制度，難以吸引到能立刻上線的高階人才，因此擁有在日本全國頂尖網購公司經營媒體經驗的山田學姊，正是政府求之不得的。

「光輝塾啊…當初也是被堺強迫推銷才進來當二期生的，不過加入以後覺得滿不錯，畢業以後就把幫忙經營光輝塾當作我的工作之一了。」山田學姊又繼續說道「當初參加研修，協力隊的總顧問說道，剛移居的協力隊隊員有兩道高牆要跨越。首先是居住地跟工作都有巨大變化，隨之而來的精神壓力，從到任到習慣為止，精神跟生活上的支援都不可或缺。而第二堵高牆是三年任期結束後，大家要怎麼繼續在地方生存下去。」協力隊的工作重點是團隊合作，雖然一開始大家可能會覺得自己的專案各自獨立，但對於剛移居的人來說，不管是公部門的支援，或是其他專案負責人的支援、甚至地方居民的支援都很重要。

「你說經營起來有什麼困難的地方喔？ 嗯～你有想過嗎？像你這樣想到什麼就做什麼的人也許沒想過吧？其實在日本的教育中教導大家怎麼找到好工作、賺錢、成家立業，然後就沒了欸？我們的社會也不會要求大家要去尋找自己為什麼而活還有夢想、人生的願望，大家沒有這些東西卻還是可以活得好好的，不覺得很奇怪嗎？」能把自己工作跟家庭處理好的大人們，在人生的終極願望這個難題面前，大家都很無助且無力。

因為找不到夢想也不至於活不下去，所以在課程中大家經歷的自我矛盾、自我懷疑都會

讓人在中途放棄，這些探究的過程都蘊含著強大的負面能量，而這股能量都會朝著經營方來。這些事從聽她說，到實際接觸、自己成為經營團隊前，我都還不能完全理解。

「總之經營其實很不簡單啦！等你實際在台灣跑過一次就知道了。」這時候我還樂觀的覺得船到橋頭自然直。「那計畫呢？當初學姊在光輝塾有什麼計畫啊？就是移居媒體嗎？」「對啊，其實協力隊的人都是希望透過光輝塾讓自己工作上的計畫推廣出去，相對也藉著大家的意見跟看法修正計畫內容，更重要的是重新定位這些計畫對自己來說有什麼價值。」在協力隊的任職期間，擔任移居顧問與地方媒體經營的山田學姊在工作設定上，是隸屬於當地移居支援顧問公司，因此不管做了多少事，都會成為公司的成績，當時她正懊惱著要怎樣在工作同時也能經營自己的個人品牌，於是在光輝塾課程中，她決定在公司、市役所的 FB 粉絲專頁與推特、IG 等官方帳號以外，再成立一個人媒體，於是才有了現在的地方媒體。

而她跟其他協力隊前輩們經年的行動，也打動了加賀在地的大家族出資成立基金會，讓這些在加賀從事各種活動的新生代們能有經濟上的後盾。而學姊在協力隊任期結束後，除了經營媒體與光輝塾，也跟飯貝也在基金會中擔任理事的工作。

● 平凡中的不平凡，脫離貴婦圈尋覓生活本質的婦人──道場美惠

當初來到加賀市，我第一個參加的市民活動就是光輝塾三期生的最終發表會。也是在那時初遇道場阿姨。還記得當初聽完她發表後我在筆電裡記下：「一個阿姨因為家裡火災把店燒光了，所以想要找大家來利用那塊空地做點什麼事。」當初只覺得是非常平淡無奇不是很吸引人的計畫。直到我透過大學生工作坊 PLUS KAGA 計畫隨行翻譯身份，與一同參與的台灣大學生前往採訪時，才發現很多當初不知道的事。

喜歡茶道的道場阿姨當年因為結婚而來到加賀，嫁給當地大戶茶具商店老闆的她，因為個性關係，一直是周圍居民心中親切熱心的大姐。「道場大姐很擅長發現小小的幸福喔！」某天在道場阿姨家前遇到堺前輩，他知道我們要去採訪時這樣說道。訪談時道場阿姨除了茶道跟跟茶文化以外也聊到了孝親費、金錢觀等等價值觀問題。

「雖然大家好像都想拿土地來換錢，但鄉下的土地原本就沒那麼值錢，只要自己能透過經營這塊空地來享受生活也沒什麼不好的。」原本就頗有人緣的道場阿姨，在當地有一群夥伴跟一堆朋友，在家裡的店燒光後想拿來利用之前，早就已經做了很多事，比如想吃水果就大家一起種果樹、想辦活動時幫忙整理場地，雖然不是在第一線的主持或主辦，但在大大小小場合也常看到她的身影。

而身為當地茶道用品商店大戶的老闆娘，道場阿姨在當地的聲望自然不在話下，而親切沒有架子的她，更是大家在茶餘飯後話家常的好夥伴。

「當年我也曾經在那個人稱貴婦圈的茶道教室待過一陣子，但久而久之覺得相較於大家相逢相聚的喜悅，較勁的氛圍日益明顯。在我看來，茶會是促成人們邂逅的契機，而不是比誰的茶具貴的地方，很多價值是錢買不到的。」聽到這段我內心一陣激動忍不住說：「對啊！我也這麼覺得！」但回頭想想，這又何嘗不是富人的特權呢？想保留一塊鄉下的閒置土地跟朋友鄰居們慢慢計畫如何使用，每年要繳交的土地稅應該不是只靠年金生活的人所能負擔。而經歷過上流社會的生活，轉而追求樸實與單純交友的喜悅，就代表道場阿姨是在經濟上擁有選擇權的人。畢竟上流社會，可不只是有錢就能輕易踏足。

比起道場阿姨做的事，她的價值觀以及退休生活更讓我印象深刻。世上富人何其多，但在加賀我第一次認識這些活得開心自在的富人。

而在光輝塾畢業後，道場阿姨也因此結交了更多朋友，將她家裡的空地，透過大家幫忙，慢慢整理成一個能辦活動的庭園廣場，這個計畫甚至透過從東京來加賀做計畫的三島老師（本書下一章主角之一）推薦給國土交通省（相當於交通部），提供給中央政府的官員作為閒置土地利用事例，同時也以此作為交換得到政府輔助款，在空地邊蓋了一間廁所。

國土交通省的官僚們來訪視時我正好也在，我停好車下車時，頓時覺得狀況詭異，只見一群西裝筆挺的人邊逛邊做筆記，山田學姊正在旁邊其中幾位男女介紹光輝塾，視線掃過全場大家似乎都很忙，只見從法國來打工度假的小美女莎賓娜一個人坐在角落，我用

彆腳的英文問了她「我聽說今天有趴踢才來的欸？現在是什麼狀況？」一臉無聊的她突然笑著回答「這就是日本人的趴踢吧？」

跟國土交通省的人攀談後才知道原來日本中央政府一直對閒置地再利用這件事感到頭痛，當然他們也隱約知道日本全國有很多像道場阿姨家這樣，利用閒置土地大家一起經營，久而久之形成社群的例子，卻苦尋不著。當中一大原因是搜集情報太依賴網路，像這類閒置土地利用案例，通常都是鄰居朋友們一起經營，原本就不會公開，加上地方把情報上傳到網路的風氣也不發達，因此更是難上加難。

而廁所這件事，其實一直是道場阿姨家空地的問題。辦活動勢必要有廁所，每次跑到她家裡面借也不是辦法，大家頻繁到旁邊便利商店借也會被討厭；而蓋一間廁所，光化糞池跟水利設備就是一筆開銷，於是大家一直以來就這樣將就著。直到國土交通省這次出了一部分錢，道場阿姨自費一部分，當地的水電跟工班以優惠價提供服務，地方的夥伴們也無償幫忙之下才完成了一間露天廁所。

像道場阿姨一樣的光輝塾畢業生們，還有好幾個，透過這樣橫向與直向的連結，加賀市的社區營造才能如此順利。

● 其他學長姐跟學弟妹們

當然除了前文所介紹四位畢業生外，光輝塾也培育出各式各樣個性十足，擁有各種技能資源，也在各領域活躍著的行動者們。從東京回家繼承家業，曾經鬱鬱寡歡的酒店小開，在光輝塾畢業後重拾以前DJ 的興趣，找回了以前夥伴，主辦各種日本酒與音樂活動。改變了心態跟工作方式的他，現在也常出

最終發表會時我第一次在那麼多日本人面前用日文上台簡報。

沒在光輝塾畢業生們的活動中提供
酒精性飲料。

嫁給法國人的地產公司女兒魯諾瓦
太太，在經歷了巴黎、東京等等大
都市生活後帶著老公與孩子回到家
賀市，感嘆加賀市沒有大學的她，
成立了一個組織輔助大學生的在地
行動計畫，也是下一個章節會提到
的 PLUS KAGA。

尾野老師跟我們第四期留到最後的畢業生們。

曾經是巴西柔術與綜合格鬥技選手，不安於主婦生活，爾後成為加賀市第一個女獵人的
古田櫻在畢業以後也持續著狩獵與保護流浪狗的工作，只是經過了光輝塾的課程，她結
交了更多能一起行動的夥伴。

只要有這些人們在的一天，光輝塾的故事就會繼續下去吧！

## ●● 8. 人生中最重要的寶物

看著這群人們我也常常在想要怎麼用文字為他們下一段註解。想著想著，就想到當時在
玩的一款遊戲叫八方旅人。遊戲像以前超任聖劍傳說 3 跟復活邪神一樣有多位主角可供
選擇。在劍與魔法的奇幻世界中，每個人有不同的出身背景，也因不同的理由展開旅程。

不過這款遊戲有趣（？）的地方，在它不同於以前傳統遊戲，每個主角都背負著國仇家
恨或拯救世界的偉大使命。在設定超自由的奇幻世界中，八個主角們各自有著自己的小
情小愛，進行自己的人生小劇場，或說面對他們各自的人生難題。那些人生難題普通到

一開始選主角真的會有障礙！

比如想要潛入警備森嚴豪宅裡偷東西的盜賊、曾經被稱為王國最強騎士而亡國後流離失所不知為何而活的劍士、想報殺父之仇的舞孃、奉命把聖火帶到各地進行儀式的神官、立志出外旅行的商人跟藥師、想找出圖書館被竊藏書的學者、想出發拯救師傅的獵人。大家評評理，是不是很難選！

但就像光輝塾的學長姐一樣，一個個看似平凡無奇的人生課題與願望，但卻能交織出那麼多燦爛美麗的故事。

我想光輝塾的主旨正好呼應一段遊戲裡的台詞。「財寶、土地、人、名譽，雖然這世界上盡是充滿魅力的東西，但是真正重要的東西只有一個」每個人的一生中都有一樣屬於自己最重要的寶物。而找到它，才能開始真正的人生。不知道當過兵的人還記不記得，當初那段新訓的日子。把你的身份地位、尊嚴、還有多餘物質通通抽走時的心情？當沒有了那些多餘的東西，我第一個想到的是「原來這這狀態下人還是可以活得好好的」而下一個問題是「那人的本質跟活下去的動力到底是什麼？」

每個人在出社會前都該去思考跟尋找這件事，這樣人才能活的腳踏實地。「有什麼價值是我們心中無可取代的？」了解自己這部分的人，才能活得堅強踏實。像光輝塾的地方型社群是這樣形成，那都市型社群呢？我想都市型社群是尋找有共同目的的強者再進行組織，而地方型社群則是培育一般人再進行組織。當然各有各的好處跟難處。

舉我們熟悉的都市生活來說，為什麼大家退休後常常不是身體有病就是精神有病？在我面試進現在這組織時有這麼一題「你認為理想的工作型態是什麼？」我當時的認知還很膚淺，只寫了「肉體跟頭腦勞動需要平均分配，然後休息跟工作的比例也需要適當分配，最後適才適所，讓大家做自己擅長的工作。」回頭看看這論述真的很淺。每個人擅長的工作不一定是自己喜歡的工作，光這點就不太理想了。

而今我結合這段時間在台灣、日本看到跟經歷的，重新回到問題原點，得到了一些新的

答案。現代都市的工作型態分工細膩，所以大部分勞動者無法看到工作或產業的全貌，因此能在工作上能獲得的成就感會被稀釋，而在勞動過程中，又會累積精神跟肉體上的傷害，最後勞動價值幾乎通通轉換成金錢，再用消費來治療精神與肉體上有形無形的傷害。

最大的問題就在於轉換成金錢後消費的過程，沒辦法完全治癒在勞動中產生那些肉體與精神上的傷害，那些傷害累積之下，一堆心理或是生理不健康的老人就要開始靠折磨年輕人來發洩了（欸？）。

如此問題定義很清楚了，接下來是解答。

我認為解答就在於每個人「最重要的寶物」。當你知道對自己來說最重要的是什麼，才有辦法向對的方向前進，在老年時，才能活得更像個人。

現代人出生後接受教育，都市中各式各樣新資訊把我們的注意力消耗殆盡，時間到了在各自的時機裡就職、成家立業、然後漸漸精力也被工作與家庭生活消磨，這樣日復一日，薪水、年紀還有專業技能也許有所成長，但自己不主動尋找，最根本那個「最重要的寶物」或「為什麼而活」的答案很難隨著歲月流逝自然浮現，或等到答案自己出現那天，往往我們的光陰已經所剩無幾。

我認為人生分為兩個階段，第一個階段在還債，可能是清償家裡的負債或對家人、恩人盡某些責任，也可能是滿足某些人的期待。這部分結束後，才能開始心無旁騖的開始自我探索跟自我實現，當然也可能有某些人出生時運氣不好，在第一階段就消磨了一輩子。

而我想成人後還有能量參與光輝塾的人們，就是某種程度上中產階級的縮影。要知道中產階級的人們不是沒有問題，而是他們的問題都是潛在的、隱性的，那些問題可能不會馬上讓人餓死或是病死，但這些問題只要一爆炸，小則自殺，大則拖垮整個家族。

要在這世界上過得幸福快樂，可不是只要錢就行了。

最後雖然有點跳痛，但請聽我誠心的建議。「不管你要怎麼活，千萬千萬不要把自己的人生願望或目標寄託在別人身上，否則運氣不好，只會留下無止盡的痛苦跟失望。」那些為了家族或子女付出了一生，直到退休後才到光輝塾尋找自己生命意義的人，也許多少會對這句話有共鳴吧！

另一條主線：找回信任與社會連結

社區營造學校光輝塾的力量，讓我一個外國人，能在以排外出名的日本鄉下順利發展計畫，除了在畢業發表時，讓包括公部門長官還有民間企業跟民間人士了解我的計畫外，也得到很多學長姐親切的幫助跟建議，可以說惠我良多。

之前在台南與成大的老師們，以及經營加賀社區營造工作坊的三島老師辦過交流會，當時成大老師一段話令我印象深刻：「我們台灣人需要的就是『找回信任』。」當下日本老師的反應是「難道台灣人之間沒有信任嗎？」我認為台灣人之間的信任很薄弱，不只在社區中大老還有新人間的關係、還有官方跟民間的關係、學校跟社區的關係。大家都在揣測對方是因為什麼目的而行動，而在互相試探的過程中就耗費了很多時間跟精力。

我看到的日本社區營造中，有一部分就是在談論都市計畫裡的軟體設計（這裡的軟體指社群與人際關係），但相對於開發一片新的土地，大家要從零開始規劃軟硬體（社群與建設）；面對舊社區，就必須要先釐清原本的人際關係，排除反對意見才有辦法開始推動，以商業而言，要耗費的額外成本過高，收益又太少。

而原本社區或組織中僵化的人際關係與失去的信賴關係要怎麼破壞與重建？這就是問題癥結，我想也就是成大老師所說的『找回信任』其中的意涵所在。

日前我接過一次台灣行政機關人員到加賀市參訪的行程，台灣公務員在加賀市役所針對老屋再生案例問道：「請問你們這些針對老屋的輔助案事後有沒有逐年去驗收成果？」

加賀市承辦人表示否認，台灣公務員就說：「這要是在我們那裡的話，可能會有人申請輔助修了老房子就拿去轉賣，所以不行。」聽完第一個反應不是覺得日本人有多高尚，而是不動產的價值、官民之間認知的差異這些事在台日之間都差異甚巨。

了解自己的願望、培養信任關係與練習協作，都是光輝塾事後帶來的功效，我想這些也正是台灣，與我想推廣的中產階級自救會裡所需要的。中產階級間的社會連結，以我個人感覺，似乎都保持在一個君子之交淡如水的狀態，尤其出社會後更是如此，畢竟台灣騙子就是那麼多，想從零培養起信賴關係談何容易？但沒有信任就跨不出第一步，光輝塾提供的方法論，我想可以在台灣試著實踐改良，相信有一天可以走出台灣自己的模式。

# 第4章
## 讓大學生成為地方的英雄 —— PLUS KAGA

●● 1. 初聞 PLUS KAGA

從人口減少與產業衰退的負面現狀，思考創造繁榮與活力的
正面未來。

「從『負』的現狀，迎向『正』的未來」正是原東京大學講
師三島老師主持的 PLUS KAGA 計畫目標。從我剛接觸這個
「帶大學生來鄉下執行自己企劃」的計畫，到想找台灣大學
生來參加，聯絡到東華大學社會參與中心、日本公部門表示
無法撥款輔助，以為上司從中作梗，跟主持的教授聯絡上、
無數次聯絡跟協調、最後找到台灣有社區營造經驗的女大生，
到成行可以說一波好幾折。

回想起來這個計畫在我剛來加賀就任沒多久就所耳聞，只是
當時聽了完全沒有概念，腦中也沒有任何畫面。

說到大學生工作坊這件事我就想到某位兒時好友，雖然他現
在跑去美國結婚了，但是個對我人生觀影響很大的角色。遙
想當年，他是標準品學兼優模範生，而我是標準違法犯紀劣
等生。我去西門町混日子的時候，他努力讀書、我上私立高
職那年他上了前段高中；後來我去了南部私立學店，他上了

台大，畢業還拿了雙學士，說真的在我們學區上台大並不奇怪，跑到南部去上學店大概比較罕見。

那時大學回台北我們還會相約在中正紀念堂慢跑。那時我打電動、玩社團、泡夜店、上B整天約妹，上了設計學院後畫的圖反而比高中時代更少；而他也是當年那個路線，除了商學醫學雙主修以外、還參加各種活動認識各界社會菁英，各種充實自己的機會當然也不會放過。每次慢跑完我們就開始閒聊分享著彼此的異次元，旁人光聽內容，大概很難想像台灣高等教育會有這兩種極端。我們大概就是教育體系裡上下兩個極端的樣板人物吧？

當年的我對「工作坊」一直抱有幻想。台清交成政為首的社會菁英預備軍們、下午透過各種活動、工作坊，在戶外、室內，用各種新奇的方式學習討論各種課題，也結交優秀的同伴與企業人士。晚上大家穿上燕尾服與晚禮服，男生佩戴著限量款名錶、女生提著各種沒看過的名牌晚宴包，拿著高腳杯穿梭在高級宴會廳中。在現場演奏的樂聲中，邀請下午討論時那個聰明又亮眼的她共舞一曲，眾人談笑話題中除了學業就業、更不乏稀鬆平常的海外旅遊、創業、家庭背景之類的話題。散會之後互相留下MSN「下次公演我正好有多的票，要一起來嗎？」第一次約會相約國家音樂廳聽交響樂，然後畢業幾年後人人稱羨的神鵰俠侶就這樣誕生了。

「幹狗屁啦！我剛剛講的到底是哪裡有問題才會讓你有這種幻想！？」「啊幹你不是就是約妹去國家音樂廳？靠邀我大概認識的全部大學生裡只有你會去吧？就你們這圈在去的啊！」「⋯剛剛那段只有國家音樂廳是事實吧？」雖然這種幻想在大學已經被我朋友吐槽過幾百次，但是講到工作坊我現在還是會有這種印象。十幾年後我居然以工作人員的身份一起協助大學生參加海外「工作坊」，人生際遇真的很不可思議。

至於我跟這些從東大、慶應為首來自各地的高材生們交織出什麼火花，一個工作坊的設計又是怎麼進行？學生們又如何在這看似有規則，發揮空間又無限大的計畫中提出自己的企劃案並執行呢？好啦！那我先去燙燕尾服順便擦皮鞋了，這之後再聊吧！

## ●● 2. 三島老師與 plus kaga

畢業於哈佛，曾任職於海外都市計畫公司的三島由樹，在設立都市計畫公司 FOLK 前任教於東京大學，期間參與社區營造與都市計畫等相關課程教學。創業後某天，在石川縣從事社區營造相關工作的友人突然聯絡，提及當地資源不足，預算也不夠，是否能請三島利用學生社群的力量幫忙推動一點新計畫。

「喔～就是想要免費勞動力的意思嗎？」訪談中邊敲打著鍵盤的我邊呢喃著。
「如果是沒有學分或是其他誘因，那學生也沒那麼好找啦！雖然說不是付出金錢，但想要人來也要誘因足夠才行。」三島閒聊著回道。
「對啦！我現在對大學生這種虛無飄渺的存在也實在傷透腦筋，這點我還真是佩服老師啊！」跟台灣還有日本的大學生交手幾次後，我非常能體會要把每年時間有限的教育專案或工作坊做出能延續的成果是多麼困難。

三島接到友人聯絡當下便想：用民間公司的力量找大學生來執行工作坊也是個全新挑戰，那就來試試吧！之後計畫圓滿結束，同樣位於石川縣的加賀市役所主管也透過網路得知此訊息，便找上了三島。

「三島先生，我們加賀市也希望透過年輕人的角度來看看這裡的優點還有問題在哪裡，能麻煩貴公司來執行一個專案做這件事嗎？」「好啊！那我們見面談談吧！」這就是 PLUS KAGA 的原點。

跟三島老師第一次相遇是在某場飯局上。我在市役所月報中表明希望讓台灣大學生也參與 PLUS KAGA，於是透過當時上司與窗口的安排，在一次私人餐會上跟三島老師首次見面，簡單自我介紹後，也有一段不慍不火的閒聊，他給我的第一印象是有點慵懶隨性，會依照問題回答對應的答案，接話恰到好處，卻完全讀不出情緒跟好惡。

雖然三島外貌顯老，但實際上我們年紀沒有差太多。直到之後一起到台灣，當過他的即時口譯，甚至我可以吐槽他以後，還是讀不太出他的情緒。

只能說實際共事後跟當初見面前的印象有很大出入。雖然常常少根筋讓人感覺心不在焉，拖延症也每每讓擔任窗口的我抓狂，但每次工作成果，與實際登台時每一次應對，也每每令我讚嘆道他果然是個天才。

「當初設計這個專案的時候老師有什麼想法啊？還是在哪裡有看過聽過類似的案例嗎？」我繼續進行著訪談的下一個問題，他回道「其實在社區營造或是地方創生政策推出後各種領域中，學生團隊到地方進行田野調查與提案的例子不在少數，但差別就在於 PLUS KAGA 並不是小組作業，而是以個人為單位。」

三島老師表示以分組作業形式進行，在提案階段終止的大學生工作坊在日本非常多，但其中他感到矛盾的是：如果在學校大家都已經習慣了分組作業，那到了學校外的地方為什麼不讓學生們學習獨立作業？

分組作業看似能訓練討論跟協作，但實際上大家互相推託，工作比重分配不均的狀況屢見不鮮，三島認為自己離開了傳統學校教育，那就該做點不一樣的東西，於是才有這樣的規劃。

「現在計畫已經到第六年，而且每年的模式，找來的學生性質、工作人員編制都不一樣，而且縱觀之前成果，每年都跟下一年銜接得很好，所以一開始就是以五年來規劃的嗎？」我繼續問道。

「我們接政府的案子，一開始都不敢想說能穩拿個三五年那麼樂觀，所以雖然有提了後面規劃，但第一年提案時，還真沒仔細規劃到那麼長。」三島老師邊回想邊回答道。

在台灣我比較熟悉的形式，都是有案子以後大家來標，得標標準因為我沒參與過就不贅述，但得標者簽署的合約中應該會註明要達到什麼目標。但像 PLUS KAGA 這樣政府主動找特定民間公司執行的狀況，雖然也曾耳聞，但私底下是怎麼協調我完全不清楚。（如果這有開標案出來的話在台灣應該就算綁標吧？）

之前因為工作關係的某次訪談中，日本某位公部門職員在採訪稿件最終確認時曾說「絕對不能在刊出的稿件中提到政府跟民間單位有私下協調，或是內部人士在案子公開前就承諾要跟誰簽約，這些東西都是很敏感的。」實際參與其中後，就發現很多事不簡單，就算初衷良善，但為了快點促成計畫，想走捷徑有時就會採用某些較有爭議的手段。

「嗯，我想這件事台灣應該很多人想知道…所以當初市役所是怎麼設定 KPI（關鍵績效指標）的？」「他們找我們來的時候就有討論過這件事，畢竟簽約一定要有這些。」

從第一年開始，設定過參加人數、問卷滿意度、工作坊次數、SNS 觸及人數、每年都會討論怎麼重新設定目標。比如在第一年覺得參加學生太多照顧不到每個人，第二年提案減少參加人數，除了能好好掌握學生們狀態以外，也能讓在地人記住每個學生，之後隨著計畫逐年進行，市役所也漸漸開始提出移居人數等等較為困難的目標。

「一開始提案的長官今年不是被調走了嗎？這樣沒人罩之後想刁難的方式很多吧？」同樣在市役所工作的我，也吃足了公部門人事異動的虧，原本 PLUS KAGA 跟我所屬的專案都是同一位長官提出與推動，但新來上任的長官除了不了解狀況外，也可能有自己想推動的事，種種原因都可能讓專案難以繼續執行。

「這件事我也沒有答案，所以一開始才不敢一次就做太多規劃啊。」三島回答道。

近年跟長官私下進行多次協調與閒聊後，也知道在政府的立場雖然很想好好支持每個計畫，但資源有限，一直投資特定對象也會有爭議，因此在什麼時機用什麼形式放手，也是個難題。畢竟一個民間單位執行成果令人滿意，政府相關人員也會想多投注資源，避免跟新單位磨合產生的多餘成本，但這樣對其他民間人士或需要資源的單位來說就很不公平。

「老師之前也說過光只是接這種教育類的工作坊對公司來說一定是入不敷出，但是我也知道透過 PLUS KAGAK 這幾年大學生們的滲透力跟計畫成果，公司有接到當地公私單位委託的都市計畫案，難道一開始利用大學生正妹接近掌握地方權勢的老頭們全都在

計畫中嗎！？」我略懷惡意的微笑著邊問道。

「哎你又在亂講了！」三島老師笑了笑，神色一變開始認真回答。

從第一年開始只是想用公司接案閒暇空擋做點新嘗試才接了 PLUS KAGA，但是目的性沒有那麼強，雖然教育專案執行起來對公司收益沒有幫助，但一開始目的性太強，執行前就盯上之後可能連結到的大案子，那很多決策在得失取捨上就會產生偏差，這些事在地人比誰都敏感，所以當初三島老師很堅持專注在每個階段做好眼前每件事。

把期待放在眼前的案子，讓計畫在哪年中斷都能成為代表作，這樣一來就算沒有接到後面的都市計畫案，這些成果也會成為公司成長的養分。

「我沒有你想像中的那麼精明啦！很多事只是運氣好而已。」三島老師笑著說道。這幾年我從旁觀者、協助者與其他協力計畫執行者的角度看著 PLUS KAGA 的成長，頓時內心有著千言萬語，雖然在對話中只是一句『運氣好』就被帶過，但這些事發生的連鎖反應絕對不單純只是運氣好而已。

「接下來問點輕鬆的好了，在 PLUS KAGA 裡面可以看到參加的大學生在幾期過後也會以學長姐的身份前來幫各種忙，有些是用老師公司實習生身份，有些是打工、還有些是單純幫忙指導，這麼複雜的合作方式有什麼系統或是規劃嗎？」

「這題很長，沒有感覺很輕鬆欸。」三島老師笑著回答道。

在一開始參加者甄選時我很注重這個學生的個性，但是實際上到工作坊結束以後才能看出每個學生能不能交付工作。傳統工作坊分組作業的方式中，很難看出個人差異，但以個人為單位進行，每個人在每個階段會採取的行動、負責程度跟遇到難題時的反應都一目了然。

志願參加者面試時，最後三島一定會問：「PLUS KAGA 是非常辛苦的工作坊，而且

沒有學分，很多部分要自費，就算這樣還是想參加嗎？」通常很認真的問完這題後，也有許多學生知難而退。

「所以剩下來的都是願意接受命運挑戰的勇者嗎？」「某種意義上來說是的。」兩個人不約而同笑了一下，我接著問「那工讀生跟實習生還有義工又是怎麼挑出來的啊？」三島回答「剛剛說的基準可以挑選出哪些人能託付什麼工作。實習生就是從規劃到實際操作都參與其中，因為算在公司編制下，也會讓他們參與東京或其他地方的案子。工讀生比較單純，可能負責在加賀時的影像或文字紀錄這種單一工作，最後其他學長姐如果想來參加，不管是要一起上課或當義工幫忙，我會看預算幫大家出交通費或提供住宿場所，但是計畫結束之後會回到加賀也表示跟當地的人有一定私交，大家也會去住在地人家裡，這樣就連食宿費用都省了。總之在加賀、東京有什麼活動我都會公佈在 PLUS KAGA 的群組裡，隨時都歡迎大家回來看看。」

「那跟大學生溝通有什麼秘訣嗎？大家都很好奇老師是用什麼方式逼迫入學生們在工作坊結束後還願意排除萬難到窮鄉僻壤把計畫做出來欸。」我邊忙著做紀錄邊問下一題。

「最重要的是要讓大家有幹勁。執行過程中我很注重不要把他們當作大學生，而是當成大人，以對等的角度溝通。讓他們去了解加賀市有些什麼課題後，還能把它當作自己的問題來面對。這時候如果老師命令大家完成特定的事，學生們反而會很沒勁。」

「要讓大家覺得這些事很有趣，最終成果也能連結到自己覺得有趣的事。為了達成這個目標，我們要製造很多契機，讓學生們能發現這些事是很有意義的。像之前有好幾個人的專案執行以後有上報，甚至上電視。一般大學計畫成果上新聞，通常都是刊出教授的名字，但我們這裡每次只要有採訪，我反而會叫記者不要寫我，而是多寫一點做專案的學生，然後一定要刊出他們的名字。這樣一方面會讓學生感到被重視，另一方面讓他們更能理解該對自己的專案負起責任。」

三島老師說完我繼續接著問「像之前一起去台灣，在某座談會上台灣老師問到這樣挑選菁英來執行計畫，對於學校教學汎用性來說好像不太適用。後來我記得下一年三島老師

就沒錄取東大生，反而是採用了工業大學或是美術大學的學生，是因為被刺激到嗎？錄取標準有個通則嗎？」

「其實錄取的大方向一直沒變啦！就是想採用各式各樣專業領域的學生嘛！」三島接著回答道，最初他就不想錄取優等生或是菁英，而是希望採用能享受工作坊過程的學生。「剛剛不是說面試最後都會強調這個過程很辛苦，那還要能享受不是抖M嗎!?」「是享受成長跟實踐的喜悅！」（抖M：被虐狂）已經習慣我吐槽的三島老師繼續說著，每年他都會不斷跟經營團隊強調：在社區營造或是地方實踐領域中很多老手，他們在各式媒體上曝光率不說，在業界也早已闖出名號、甚至自己開公司創業，這種大學生也不在少數，但我們想採用的是那些雖然對地方圈一無所知，卻樂於挑戰新事物的新人。

這一解釋我才了解老師說的菁英是指那些在地方圈的老手大學生們，否則依目前為止PLUS KAGA 所有學員的學經歷看來，這些人無庸置疑都是萬中選一的人中龍鳳。

而後來 PLUS KAGA 這個專案開始小有名氣後，各校老師們也會幫忙宣傳，甚至有些開出實習時數讓學生來參加。這方面我也頗有感觸，在台灣似乎社區營造圈、地方圈看來看去就是那些人，做的也就那些事，是不是該從其他領域設法讓其他人來參與注入一些活水，我想也是台灣跟日本共通的問題吧。

「剛剛有說到跟政府配合困難的地方，那跟民間呢？」

「民間其實問題滿多的，雖然 PLUS KAGA 是官方推動，但民間沒有義務要配合。」三島老師問「還記得之前一起去拜訪過的某個農業團體嗎？」「喔，我記得啊，那次拜訪還有協調因為卡到會議時間所以我也在場。」他又接著解釋，PLUS KAGA 工作坊的核心，是由在地人向學生介紹現況與地方問題，所以在地人不參與，工作坊就沒辦法成立，且在地人協助也拿不到報酬的情況下到了中期更是寸步難行。

「但那些大叔們後來也有幫忙啊，所以是怎麼解決？也是慢慢跟他們耗嗎？」我繼續問。

「每次到加賀時都不能忘記拜訪，PLUS KAGA 如果有公開發表會或是座談也都會邀請他們出席，就這樣一次一次累積，才讓他們慢慢改變態度。」當這個計畫在加賀開始運作，沒有一個在地人覺得跟自己有關，但我們要做的就是製造各種契機讓大學生們跟在地人接觸，每次過程中，在地人就會慢慢發覺，PLUS KAGA 的大學生跟那些只是來做完研究寫完論文就走的人不一樣。當有些人印象慢慢改變以後，風聲傳的就很快了。

「我其實在參與的途中曾經有個疑問，每年 PLUS KAGA 都要去那麼多地方，讓那麼多人來幫忙解說跟接待，但是學生數量有限，有些團體為了幫忙付出很多，但最後卻沒有被學生選來作為提案場域，那協助者不會不滿嗎？」我問道「這個問題應該多少有一點，你也有注意到嗎？」三島老師反問。

「有啊，因為我那時候去做台灣大學生的訪談翻譯，光要負責跟訪談對象約時間就很麻煩，而且每個訪談都是一兩小時起跳，人家被問的很累，最後開心來參加發表會時，卻發現自己被訪談的內容沒有被放到簡報中，當然大學生來來去去沒有感覺，但像我這樣算在地經營的人，就一定要顧慮到那些人的心情，所以發表會的時候我遇到那些願意花時間被採訪，卻沒被放進簡報裡的人都會跟他們說聲抱歉。」我說到這，三島老師也接著回答「其實我們也有遇到類似狀況。」

「之前在加賀我們還沒有自己據點前，有個團體一直支援住宿跟討論場地，但是這幾年，沒有半個學生針對那個地方提出企劃。當然我們也是想盡辦法溝通，讓大家不要有『我們有了新資源就忘了舊愛』那種印象，但只能說這部分還要努力。」聽完三島老師的回應，我也談了一下自己的心得「我其實也為立場的問題煩惱過。這個計畫的執行者是大學生，但是當我一個成年人以翻譯身份同行，就好像該為大學生的行為負責，不管是遲到還是出了任何包，大人跟學生一起出現時，就是大人要扛。不過道歉過一次，又會給人『這是執行單位的責任』這種印象，但是我站在協辦角色，立場就滿尷尬的。尤其又是外國人身兼窗口，很多事到最後大家還是會覺得責任在我身上吧？」話說到這三島老師也接著回應。

「讓大學生自己負起責任是這個工作坊中很核心的要素，至於參與的大人們心態要怎麼

調適，也只能之後慢慢靠協調來達到平衡了。」

「好吧！這個太難了，那還有其他的嗎？」「喔，其他可能就像有些阿公會講一些話讓女大生覺得不舒服之類的這種小插曲吧？」「那遇到這種性騷擾老頭要怎麼搞定啊？」「嗯，其實稍微點一下對方就知道了，可能跟他們說『如果大家這樣的話，以後就不會有女大生想來了喔！』大家聽到馬上就收斂了。」一陣爆笑後我說道「好吧！真是一群坦率的老人。那最後一題，老師覺得 PLUS KAGA 最核心的信念是什麼？」

「在距今數十年前，社會對大學生的期待很高，當時大學不是人人都能上，而比起大企業或是社會人士，整個社會的氛圍都在期待大學生能改變些什麼。事實上在各種專業領域，當然也包含政治圈，以大學生為首的團體都帶給社會很大的改變，我想藉著 PLUS KAGA 傳遞的訊息就是：大學生們其實是很厲害的！」

「要讓大學生再次偉大就對了？」

無視我川普梗的三島老師繼續說道「就是想要讓大學跟大學生找回原本的榮耀，改變社會對大學生的印象，也想證明大學生的社會價值吧！」

「謝謝老師！今天的訪談內容只會放在我的書裡面，那完稿以後可以不要跟你對稿嗎？」「好啊！你就寫吧！我明年會少接一點課，專心在公司的事情上，然後應該也會來寫書吧！」「喔？希望我不要拖稿拖到比老師的書還要晚出版…」

從初期就支援 PLUS KAGA 作為據點的場地竹之浦館。

## ●● 3. 地獄般操勞的工作坊

時間拉回我以翻譯身份參加 PLUS KAGA 之前。當時費渾身解術才爭取到台灣大學生能在當年度參加。甚至為了讓提案加速，我還冒著之後臭掉的風險在市役所跨級硬幹，抱著不成功就翻臉的覺悟直接跨級爭取才搞定，而附加條件之一就是我要全程負責台灣大學生包括翻譯等等的一切支援。於是我的第一次 PLUS KAGA 就在混亂中展開了。僅以以下日誌記錄 2018 年的夏季工作坊。

● 八月六號（陰）

起了個大早，準備開始迎接為期一週的工作坊。起床盥洗準備後，我開著家裡那台老車前往車站前跟大家會合。這次參加的學生男女比跟大多數社會創新及社區營造類活動一樣，呈顯嚴重陰盛陽衰，我不禁在內心默默想著「這個業界要是可以跟 PTT 那種極端陽盛陰衰環境下醞釀出的仇女環境平衡一下那世界上是不是沒有戰爭了？」我仔細端倪了每個人的面相跟言談舉止，先不論高矮胖瘦，打扮跟氣質中的確散發出一種都市人特有的細緻。

跟三島老師簡單打了招呼，確認今天會合的地點後，我驅車前往今大第一站：加賀市役所。市役所類似台灣的公所，是地方政府行政機關，那裡進行的活動很單純，就是市長見面會、記者採訪、還有一週行程說明。

在一連串資訊轟炸後，我開始察覺這次口譯的工作頗讓人吃不消。跟平常即時口譯不同，因為是純日本人的活動，所以講話時不會有人停下來等翻譯翻完，在我開口翻譯時主講還是會順著往下說，一上午下來我只能不斷調整自己步調，試著讓這次參加的台灣女大生歐歐能順利理解。

歐歐其實也不是個普通的女大生，得了血癌後她透過臉書專頁〈這女孩有病〉的經營，已成為在網路上擁有數萬讀者的意見領袖，這之前她也是個足跡遍佈世界各地的背包客，更擁有數年台灣社區營造活動的參與、執行經驗，可謂是在陌生環境求生的老手。

整個上午我比較有記憶點的有幾件事。第一個是加賀市長致詞很短，非常上道。第二件事是三島老師在會議室進行的行前說明詳細版中提到：「你們不是來幫助加賀市解決什麼社會問題，你們就算沒有來大家一樣活得很好。但居民面對的問題，要是你們正好也有興趣，大家就可以站在平等互助合作角度上討論怎麼解決。做都市計畫，或是提案一堆大規模的企劃並不實際，認真面對眼前每一個小小的問題，選擇自己能達成的手段來提案才是你們該做的。記得常常思考自己為了什麼而來，自己內心的熱情在哪裡，只有這樣才能把計畫做出成果。」

最後一件事是我上司在市役所對大學生們進行的加賀市數據說明中提到：「人口減少的未來不只在加賀市，在日本全國都已經是不可逆的現況，但那些人口不是突然間就會消失，而是會慢慢衰老，引起各種社會機制的失能，所以與其說我們現在的問題是要增加人口，不如說是該面對現實，減緩人口減少對這個社會產生的衝擊。」人口問題影響一時半刻大家可能沒辦法體會，但勞健保破產、勞動人口不足、財產分配不均造成的世代跟階級衝突等問題都逐漸浮上檯面，這些社會現象都直接或間接連結到人口減少跟人口結構問題。

上一個世代設計的社會福利系統，裡面預設的平均壽命等條件已經沒辦法在這個世代順利運作了；而上個打造的太平盛世，這個世代也逐漸無法形成相同的經濟規模，雖然 PLUS KAGA 每個學生的實踐沒有辦法直接改變這些問題，但透過這個工作坊，能讓更多人意識到社會面臨的現況進而加入思考與行動，也是 PLUS KAGA 那句「從負面的現況邁向正面的未來」所想表達的吧？

我們的市長是個話不多的好市長。

中午吃完便當解散後第一個活動是兩

人一組領取地圖，各組循著不同的路線到下一個地點，途中遇到有興趣的店家，或是路人就跟他們搭話宣傳 PLUS KAGA 這個計畫是在幹嘛，並跟他們聊聊現況還有大家覺得加賀市要怎樣才能變得更好，最後有個規定就是不能看手機！（當然是自由心證）

我覺得這很好玩，總之就是到處逛到處找人聊天，我們去了和服店跟阿桑們喝茶聊天，也去了年輕妹妹開的咖啡廳邊吃蛋糕和咖啡邊聊她開店的甘苦談，最後搞到集合時間快到，才不得已打開手機直奔集合地點：旅人學舍。（上一章曾介紹過）

在旅人學舍進行的工作坊內容是由大學生們擔任組長，帶高中生們討論並整理出生活在加賀市的優缺點。工作坊這個名詞在前文也出現過很多次，簡單來說就像是學生時代大家都進行過的分組討論，只是出社會後運用在不同的場合跟對象，也有許多有趣的操作方式，比如破冰就不會像大學迎新玩些很智障的團康遊戲，而是使用紙筆跟各種話題來破冰，後續的討論方法以及整理結論後的引導也有許多變化。

高中生們面對這些日本頂尖大學前來的大哥哥大姐姐們，一開始顯得有點羞澀，但每個成為組長的大學生們一看就知道是團康老手，對怎麼化解尷尬、引導討論等都很快進入狀況，而我們這組因為語言障礙，所以只能在旁邊看別人討論邊閒聊。最後發表時當地高中生們整理出最大問題就是：在加賀市沒有地方可以讓大家去玩。

加賀在三十幾年前曾經也繁華一時，但隨著泡沫經濟衰退，各式連鎖店撤退，市內電車也停駛，更不用說各種娛樂場所了。而現在的高中生們放學以後能去的地方非常有限，想出去玩也不知道要去哪，只能在公園踢踢罐子之類的。

「等一下！你說踢罐子？是認真的嗎？高中生還在玩踢罐子嗎？」三島老師彙整結論時疑惑地發問。「不然你覺得我們還有什麼可以玩？」台下高中生一句吐槽引發了一陣爆笑。

結束了下午的行程，大家乘坐市役所的巴士前往住宿處，由廢校改造成的空間竹之浦館放行李、洗澡並準備晚上的晚會。整天行程下來我已經快累癱了，而且下午工作坊時因

為本國大使來訪，還被臨時叫回市役所幫忙接待，說是接待其實就是排在列隊歡迎的隊伍中，等他來以後大概講不到五句話就結束，因為太匆忙也忘了對方說了什麼，只記得他叫我要加油之類的。

晚會就在住宿的竹之浦館餐廳舉辦，而事前準備與場地佈置都由大學生們一手包辦，這場名為 welecom party 的晚會除了市役所承辦人以外，加賀市各地區的頭人也都前來參加，因為工作的關係大概有一半都是熟面孔。

晚間重頭戲大概就是大學生們的自我介紹。這些學員厲害的可不只學歷，經歷也令人刮目相看，每個人在日本國內或海外參加活動、比賽、執行計畫的經驗不說，除了英文以外還有人會德文，興趣從足球、管樂到芭雷，聽完一輪真懷疑這些人是不是從教科書裡面走出來的人物，還是老師根本就找來臨演把假的學經歷背一背就上場了!?

其次各地區還有團體代表的自我介紹也讓我覺得感嘆，一個市役所的活動居然能讓那麼多團體共襄盛舉，還真不簡單。不過在晚會中因為我時不時要擔任翻譯工作，所以也沒辦法好好跟大家交流，畢竟主角是歐歐，我只是個活體翻譯機，當然不能忘了時時體醒自己要認份。

● 八月七號（陰）

昨天累到回家直接死亡，今天一早依舊要以殘破不堪的狀態面對現實。第一站不是 PLUS KAGA 而是要趕去本邦大使投宿的溫泉旅館跟台灣華僑會的前輩們打招呼。跟華僑會前輩見了面一陣寒暄後，陸續有人引薦了大阪辦事處的代表跟加賀市役所國際交流課的前輩，至於大使因為趴數

當天的晚會除了當地團體市役所幾個課的長官也都撥空來參加。

太高，一出現就前呼後擁，我這種小咖根本攀不上邊，所以也不勉強擠進去要簽名了（欸？）。也是這時我才知道原來市役所國際交流課有個日本職員會說中文！而且說得超級好！大概公家機關的橫向聯繫走遍全世界都一樣爛吧？匆忙揮別華僑會前輩還有蘇代表跟超會講中文的加賀公務員後，我繼續前往 PLUS KAGA 下一個行程：橋立漁港。

橋立曾因日本國內貿易商船「北前船」買賣繁盛，一度被譽為日本第一富豪村，而今荷包滿滿的船主們紛紛移居，只剩下少數居民以及從事漁業的人們留守。

橋立漁港對喜歡海產的我來說，是每次帶團必訪之處，但走進漁業工會辦公室聽課，還真是第一次。早上我錯過了漁村的田野調查跟導覽，從漁會行桿開始參加。台上講解的人是工會代表窪川先生，他也是從東京搬來加賀的其中一人。他講課的內容非常有趣，而聽課的不只 PLUS KAGA 本期學員，還有上年度的學姊也特地前來一起參加課程。

「漁業這個產業其實很適合退休養老的人，我們當地的漁業從業者組成，有一部分是受僱者，也有一小部分是個體戶，這裡希望大家著眼在個體戶。我為什麼說這個產業適合養老，有以下幾個原因。首先漁業門檻不高，大家的退休金都可以買得起漁船，現在因為自動化，也不用多費體力。其次沒有複雜的人際關係，大家都是看天吃飯，在公司工作出了包，大家推來推去怪來怪去，職場關係很險惡，但是捕魚時漁獲不好，大家一起罵天氣怪大自然就好，完全不會因為人際關係累積壓力，工作時間也隨你高興，缺錢就出海、想休息就休息。在加賀已經有幾個 60 歲退休學到 70 幾歲獨立，然後還在第一線的漁夫，當然他們有人也有收徒弟，所以這樣說來，我覺得一次產業是個適合養老的產業。」他喝了口水又繼續說「大家想來做這份工作也不用多愛捕魚或是多愛大海，我一開始就是把它當買賣當生意在做，你們看到網子撈上來是魚，我看的撈上來的都是鈔票，這就是想法的轉化，但是硬要說這工作有什麼不好，大概就是沒有妹。」沒有妹算是一個問題嗎？在我還有在疑惑的時候他繼續說「會從都市來我們這裡工作的主要分為兩個年齡層，一個是剛剛說的退休後養老族群，另一個是受不了都市人際關係跟繁雜工作的 30 歲上下年輕人，但是這份工作因為幾乎百分之百是男人在做，所以最後除了已婚人士以外，大家為了尋找結婚對象，都會離開這個產業。」

聽完以後除了對漁業跟養老這兩件事有新的認知外，再度覺得他們也該去跟社區營造圈聯誼一下才對。

聽了一早上的課外面已經豔陽高照，午餐在旁邊的黑崎海岸吃。黑崎海岸海水浴場要穿越密林才能到達，是外地人幾乎不太會去的海水浴場，這裡現在由光輝塾畢業的堂下夫婦經營，堂下先生是農夫兼漁夫，而太太則經營跟農漁相關的各種生意，她光輝塾畢業時學台灣的夜市弄了一個加賀市生產者跟餐廳大雜燴的夜市，也持續了幾年。

想要走到黑崎海岸的小屋，必須穿越一段很多蟲的森林，然後再爬一段險坡，光是走到那裡就很累了，大學生們當然是興致勃勃，但是那裡我已經帶無數人去過，想到那段路心就累。隨便吃了海產以後我們就驅車前往下一個地方，途中遇到剛剛講課的窪川先生，就閒聊了一下橋立這個地方。「我之前也常帶觀光客來橋立，橋立大家都滿親切的欸。」「那是對客人在表面上是這樣，事實上大家就連看到外地的車牌都會指指點點，而且橋立的人很多都不愛跟外地的人交流。」「真的嗎？你們剛搬來有遇到？」「對啊，他們連去外地旅遊都愛點壽司，然後批評說『還是我們那邊的好吃啦！』」「旅遊不就要點當地有名的東西嗎？」「知道他們多荒謬了吧？」閒聊後再度覺得窪川先生是個有趣的人。

下一個地點是加賀市三大溫泉名勝之一的片山津溫泉。片山津是由出海口瀉湖圍繞的溫泉區，除了搭船遊湖邊聽美幸阿姨介紹片山津溫泉歷史以外，這次著眼的是片山津溫泉的環保問題。不過在環保問題以前，我想寫一下美幸阿姨這個加賀各種市民活動背後的關鍵角色。

扣除那些常出來演講的意見領袖，一個在地活動要辦得好，絕對需要很多

午餐的海小屋其實搭在一個峭壁上。

地方耆老來幫忙出錢出力，而要連結這些頑固老頭的方式，就要靠那些精力十足的超級歐巴桑們。很多男人們不知道為什麼退休以後很多都一副死人樣，好像職涯結束人生也該結束了一樣，相對來說扛起一家責任的女人們，這時候才放下家庭重擔真正開始自己的人生。除了年輕人跟經營者以外，說這些人是撐起地方活動的棟樑一點也不為過。

我猜也許這跟傳統觀念中「工作＝勞動＝很累」的認知有關，男人們退休以後大概都不太會想碰感覺像是在工作的事，而相對的女人們似乎從步入家庭就開始不斷勞動，然後只有分快樂的勞動跟不快樂的勞動兩種？不像男人有一個不動的選項。

而在加賀有幾個歐巴桑在市民活動中是無人不知無人不曉。其中之一就是山口美幸阿姨。只要想做什麼事，找到她就可以幫你連結到無限的人脈跟團體，雖然自己不是每個活動都出現在第一線，但只要有參與背後的經營會議，很快就會發現在哪裡都可以遇到她。

情報網比公家機關靈通、一開口只要關於加賀的知識就可以口若懸河。以前某個常主持活動能言善道的組織代表說過「要像美幸大姐那樣，一開口，話就像打開水龍頭後源源不絕的自來水一樣說個不停…我是不可能做到的…」她有次被報社採訪，內容也寫得很生動有趣「一直都全力以赴，一啟動就會像洗衣機的漩渦一樣把周圍所有人事物都捲進去強迫事情往前推進」這篇文章後面繼續寫道：「『別看我這樣，其實我在家也是很文靜的喔（苦笑）』看來她連說笑也很拿手呢。」

美幸阿姨因為話太多，平常是不會給人機會吐槽…因為她一開口真的像壞掉的水龍頭一樣狂噴，很難找到插嘴的時機，寫報導的記者最後補這一刀真是一絕。

聽完歷史還有環境問題，大概能歸納出兩個重點，第一個就是片山津溫泉以前也靠觀光發過財，現在有些環境問題都是當時賺大錢後留下的創傷，第二個是圍繞著片山津溫泉的潟湖柴山潟是加賀市各個河川匯流處，所以上游倒的垃圾通通會流到這裡，久而久之就成了一大問題。

接下來的工作坊內容是在市民活動中心，大家圍著一張柴山瀉跟片山津溫泉的空拍圖拿便利貼寫上自己覺得可以改善的地方，或是注意到的地方，最後討論發表。大部分意見我都沒什麼印象，唯一記得的是當地居民團體一個阿公說這裡垃圾都是他們在撿，希望有一些新血來加入，其中一個加賀市出身的大學生桃子就說：「高中生都很閒啊！不然叫他們來幫忙好了！」正當兩個人聊得開心時，我跟歐歐在旁邊就用中文邊笑邊說：「高中生是想要跟大哥哥大姊姊一起撿垃圾，如果只有阿公阿嬤的話高中生保證不會來啦！」

結束了下午的行程，晚上的晚餐跟煙火我就 PASS 了，一整天日文中文一直切換，又是爬山又是走路，對一個平常沒在運動的肥宅來說負擔超大，聽說之後晚上回到住宿處還有討論跟意見彙整，那部分我真的無法，畢竟在疲勞時翻譯的品質還有集中力都會下降，還是不要太勉強自己比較好。

● 八月八號（陰）

今天早上的行程在我們組織 NCL 位於山代溫泉的咖啡廳進行，是跟東京大學另一個學生研究團隊、NCL 成員以及當地組織代表共同舉辦。開頭由山代溫泉代表嫁給法國人的魯諾瓦太太進行一串落落長的說明，大概內容在講以前日文假名就是在山代溫泉這邊發明的，講課時間結束之後主持把所有組織的人打散，分成產品組、活動組、觀光組等等，討論並輪流發表企劃。

工作坊最怕的就是腦袋空空寫不出東西，常常慶幸還好我不是學員。

我們這組的成員有我 NCL 的同事——擔任觀光專案負責人的橋本，PLUS

KAGA 的學員、來自日本女子大學的卷卷（PLUS KAGA 有個規定就是大家要以綽號相稱，彼此還有對三島老師也不使用敬語跟稱謂），還有一個東大文科的學生，最後是歐歐跟我。

討論初期大家氣氛還很好，一致贊成要用觀光聯誼當作題目，尤其女子大學的卷卷跟單身的歐歐還有我

被婊了一道的工作坊現場，魯諾瓦阿姨我真的不是有心要吐槽你兒子請原諒我。

三個講得很爽，但是到決定詳細內容時就不太順利了，束大的一直想用寫落喆當作聯誼活動內容，我覺得以詩會友這件事雖然很好，但是他所提出的一些細節，還有寫詩這件事設下的門檻等等讓我跟歐歐都覺得不是很 OK，當然在這種討論中要夾雜中日文非常困難，只能翻譯後我先跟歐歐自己用中文彙整出意見再提出，此時另外兩人似乎不太同意卻也不積極反對束大生的意見，我同事則是站在組長的角度，一直盯時間很想快點彙整出結論。

最後兩邊意見僵持不下，時間快到了也只好妥協，提出寫詩聯誼的方案。「人都已經來到現場，不就是要看臉嗎？還要寫詩寫一寫到活動最後一刻才知道對方長怎樣是多辛酸啊？」「嗯…我投你一百票。」大家在發表時我們還在碎念。

輪到產品組發表時，是魯諾瓦夫婦的兒子，我邊聽邊跟旁邊的學員桃子小聲閒聊「我覺得用九谷燒（一種瓷器，當地有名的工藝品）的失敗作做成鑰匙圈這想法不太好。」「為什麼？」「感覺跟鑰匙串在一起敲來敲去九谷燒會破掉吧？」「那你可以舉手跟他講啊！」「不要啦！很浪費大家時間，而且我只是翻譯。」「唉唷你就說嘛！」「你看魯諾瓦弟弟年紀那麼小就要面對這種尖銳意見多可憐啊！他負責發表我們應該多鼓勵他才對」「王桑有問題！！」說時遲那時快，她抓著我的手瞬間高高舉起，讓我閃都閃不掉「靠！你這小婊子給我記住」我小聲罵了她一下，只見她嘴角浮現一絲意味不明的微笑便撇過頭去，那一瞬間來的太快，在還沒反應過來時，整場注意力已經集中在我身上。

就算不甘願也只能說出自己意見，而魯諾瓦兒子只是很坦率的說出他們那組思慮不周，之後會檢討，就這樣我在驚嚇中結束了上午的工作坊。

結束了早上的行程，下午我們前往加賀市三大溫泉最後一處—山中溫泉。山中溫泉是加賀市中很獨特的地方，這裡因人口減少而被加賀市合併是 2005 年的事，但觀光還有自治團體活動興盛，山中溫泉的人們完全不覺得自己該被加賀市合併，在合併後也不覺得自己是加賀市人。

另外因為政治派系因素，山中町跟石川縣知事關係良好，反之加賀市長就沒那麼好了，加上石川縣知事谷本正憲是從 1994 年就連任到現在的超長壽知事，稱之為石川王也不為過，其所掌握的行政資源也可見一般，所以就行政單位來說，就算山中被合併，但卻能直接爭取石川縣的預算，在某方面而言，已成為加賀市行政區的山中町似乎可以跟加賀市平起平坐。也曾經有一次縣知事縣內視察時，到了加賀市卻不前往市役所而是直接到山中町訪視完就到下一個地方，山中溫泉的地位在加賀市中就是那麼秋。

下午負責商店街導覽跟解說的是經營山中溫泉自媒體，同時也是攝影工作室老闆的村田先生。他說明到山中溫泉漂亮的溫泉街其實是縣知事之前動用預算大興土木才能那麼漂亮，而旁邊的商店街可就沒那麼幸運，雖然只隔兩三百公尺，但這條以前受居民們喜愛的商店街，也隨著人口外移而蕭條。他講的內容有趣，但因為太零散所以我一時也記不清，只記得他的自媒體完全不紅但是還是堅持了很多年，最後被町內自治團體看到，還委託他當地方報主編。

邊走邊聽邊翻譯的我此時已經有點精神渙散，聽的人應該也很渙散吧？於是我跟歐歐達成了一個協議，我全部聽完再翻個大概，結束後有幾天自由時間，對哪個地方有興趣的話我再開車帶她去參訪。這讓我接下來的行程輕鬆許多。

山中溫泉街道導覽完大家來到中華料理店長樂休息，這裡的老闆就是促成許多有趣活動的山中溫泉活寶二人組其中一人。「還記得當年我回到山中的時候是這裡餐飲同業工會還有自治團體裡最年輕的，現在過了二十幾年有吧？我還是大家口中那個年輕人！」餐

廳老闆二木的話中透露出各種居民自治團體還有商會缺乏新血加入的困境。「但是都進來了總是會想弄點有趣的東西嘛！之前我就把山中溫泉餐飲工會每年會做的地圖弄成披頭四專輯的封面，後來每年也都用山中溫泉的人事物來仿披頭四專輯封面設計。」「這樣的設計很潮欸！老一輩的不會反對嗎？」有人問道。「當然會啊！而且一起弄的壽司店老闆之前還把一個大前輩的臉畫成 Q 版搞笑的樣子印上去，結果前輩看到超不爽，到現在還在生他的氣！所以他之後可能有十年都進不去決策圈。」「那你們是怎麼克服難關的啊？」這時候遲到默默在一旁聽的壽司店老闆突然插嘴「秘訣就是直接印啦！如果給那些前輩審稿子就沒完沒了了，而且送印以後要馬上發新聞稿聯絡報社朋友來採訪給他最後一擊，這樣等大家看到新聞，想要生氣也來不及了！」大家聽完一陣爆笑，但在加賀市活動的我，可以了解這種跳過上面前輩跟長官直接硬幹之後會發生什麼後果，要不是這兩個人在當地有家族撐腰可以慢慢跟那些長輩磨的話，一般人可承受不了。「那這個披頭四風格的摺頁印出來之後有帶來觀光人潮嗎？」「喔～這個當初可紅的勒，還有全國等級的媒體來採訪，不過慕名而來的人通常都是披頭四狂粉，很多拿了摺頁就走了，要說對觀光或是餐飲業之類有什麼幫助，我大概也說不準啦…」

而多年下來，這兩個「年輕人」身邊也聚集了不少夥伴，與其說地方活動是要為了大家跟地方做什麼，不如回到自己本身興趣，做些自己覺得好玩的事才重要吧？山中溫泉這些大叔們的活動內容跟光輝塾的精神不謀而合，而現在很多傳統活動，包括祭典與傳統舞蹈推廣的大任也落到他們身上，這也算跟前輩們以另一種形式和解了吧！

說完披頭四的摺頁就要聊聊山中冰淇淋街了，這又是山中活寶二人組主導的另一個計畫，應該很多人會疑惑為什麼在北陸那麼冷的地方要搞冰淇淋街這個企劃，中華料理店老闆說：「雖然這裡很冷，但是冰品的消費量卻是全國前幾名！很奇怪對吧，就像大家都搞不懂為什麼女高中生在冬天要穿短裙一樣！可能有各種原因吧。總之我們就想讓這條商店街每家店都弄一個自己的冰淇淋！這樣一定很酷！」我聽到這裡小聲的問旁邊跟車的市役所職員「欸，你有聽過什麼冰淇淋商店街嗎？」他小聲回答道「其實我第一次知道欸」我繼續問「你是加賀人嗎？」他說「喔，對啊」看來公務員們不一定都很關心市民活動，還是大家只是故意不關心山中町的活動？我腦中小劇場上演時，老闆繼續說道「當初提出這樣的構想，其實大部分的人都不太有興趣，尤其那些非餐飲業的店家，

比如腳踏車店之類的。」腳踏車店？這個企劃除了叫每個店家都提供一種原創的冰給客人以外，還想凹完全跟賣冰或是賣吃的沒關係的店一起來參加欸！聽到這突然覺得這些人野心好大喔！

後面老闆繼續聊到當中協調時發生什麼趣事，那些抵死不從的店家又是怎麼屈服，內容太有趣我常常聽到忘記翻譯，不過整輪聽下來似乎覺得自己內心跟山中的距離又近了一點。

晚餐是在光輝塾畢業生道場阿姨家的那塊空地自炊，只見大學生們忙進忙出，這時我總算閒下來跟市役所跟車的長官在一旁閒聊。

「所以現在算是加班嗎？要到幾點啊？」「我們市役所的巴士只要一出車，就一定要有一個職員押車，今天要等所有活動結束，巴士回去才能下班。」「那真的很累欸！」「對啊！」因為我不算是常勤職員，所以像這樣跟市役所的長官在私下對話的機會算很難得，是個以私人角度聊聊工作的大好時機。

「這樣說起來大家是不是覺得搞不懂我的專案在幹嘛啊，每次我提什麼最後都會被說是觀光交流課那邊的事，這個台日交流專案大家到底是怎麼看的啊？」「沒有啦！王桑每次計畫來的都太急太趕，我們原本就有原本的業務，突然間提了一些東西我們也要有緩衝時間啊。」「但是每個月其實我都有跟窗口報備啊？是說大部分的東西我在去年初剛上任就有提企劃了欸？」「真的嗎？但是你們窗口從來沒提過啊!？」這樣一來就知道問題出在哪了。「上次我報告書被刁，那個內容該不會事前你們都沒看過吧？」「按照流程應該是窗口要先檢查確認、提出，再跟我們這邊協調修改，最後才會在月報上

冰淇淋街有趣的地方就是各種看似毫不相干的店都有提供冰淇淋！包括藥房、腳踏車行等等。

出現，但是窗口事前沒有跟我們核對，在拿到王桑的報告書時我們每次也是覺得『大概是因為日文的撰寫跟理解有些出入吧』所以睜一隻眼閉一隻眼」這樣聊了一下，又再度確定了原來我工作一直以來如此不順利的原因。

「對了，我還有一個問題，為什麼每次比較大的會議上，市長只要問有沒有人有問題，大家都一片安靜，但解散以後私下問題卻很多啊？」「這其實很簡單，因為有人一提出問題，市長一定會追究這個問題誰要負責，那就會有人倒楣，不管倒楣的是自己科室還是別人，都不是好事，所以自然沒人敢問囉！」能跟上司這樣私下對談，也算是參加 PLUS KAGA 中意外的收穫吧！

● 八月九號（陰）

總算到了田野調查的最後一天，這每天從早到晚折磨人的行程也到了尾聲。早上我開車跟大家會合，坐上巴士前往加賀市的三谷地區，三谷算是市區旁的荒山野嶺，巴士開上山時因為路太窄好幾次卡住，轉彎還要轉好幾次時我都覺得快墜崖了，因為人緊張，隨時準備要跳車逃生的我根本無心聽跟車居民的導覽。

早上負責導覽三谷地區的是稱為野菊會的當地老人團體，他們是以興趣集結，調查當地野草生長地為主要活動內容的組織。結束巴士導覽後來到當地居民中心，他們也展示了多年來的調查成果。這個團體調查了野草的種類跟產季還有分佈後，主要是跟學者合作協助研究，另外也出貨給東京的高級餐廳做為食材使用，其中也有人拿去做草木染，運用方式五花八門。

在三天從吵到晚的行程，在居民活動中心已經有人在打瞌睡了。歐歐看到就搖醒了那個打瞌睡的學員，還拿出提神的口香糖問她要不要吃，卻被對方回絕了，這時候本次工作人員，同時也是 PLUS KAGA 第二期畢業生的修造看到了這一幕，便提醒歐歐叫她不要多管閒事。我對修造的行為有點不解，於是在導覽與說明結束後跟他提起這件事。

「我知道在那種場合打瞌睡很難看，很丟臉對吧？我也這麼覺得，但是當一個人離開了

組織，學校跟父母的保護，她代表的就是她自己，我們沒有義務要幫她或提醒她什麼，這樣的行為帶來的任何後果，也會由她自己承擔。」「喔…」我當下聽完沒辦法有什麼多餘的反應，雖然修造是個小我十歲以上的大學生，但他對 PLUS KAGA 的精神跟內涵比我了解太多了。

中午吃了野菊會提供的便當…老實說難吃程度讓人非常醒腦，但聽完野菊會阿公阿罵的故事後我還是咬緊牙根吃完了。

下午前往的是動橋地區，這裡擁有支撐起加賀市的大公司之一「丸八製茶」，而下午的地區導覽由丸八製茶下一代的年輕社長負責拿資料給大家看，另一個應該是某團體的前輩負責解說（社長說雖然他在公司裡接班了，但是在社區活動中還是很多地方前輩在第一線，他只能負責舉牌）。動橋地區的導覽有三個部分，一個是動橋地區概況，第二個是祭典，最後一個是居民們的活動與面對的難題。

下午在大太陽下邊走邊聽，天氣實在太熱，讓人根本沒辦法集中聽，更不用說是翻譯了，肉體跟精神上的負擔讓人退伍多年後難得想起軍旅生活時下基地那段時光，回想起來詳細內容我好像也沒什麼印象，只記得動橋以前是加賀市交通中樞，當時能轉車到三大溫泉地的動橋每天車站人進出人潮可觀，相對於現在烏龜過馬路都不會被踩到的乘客量，真是天差地遠。

第二部分來到神社，講到動橋地區的祭典燒 GUZU 祭，GUZU 是指以前出來作惡的怪魚，查了一些資料，發現牠中文叫做暗色沙塘鱧，大家想像成暗色沙塘鱧特大號版好了，這個祭典就是每個團體都會做一隻超大的怪魚模型，然後像扛神轎一樣，每個團體循著不同路線扛到車站前一次燒掉。

野菊會的課程我覺得非常充實，研究成果也很厲害，但便當真的有待加強。

光聽說明覺得沒什麼，但實際參加過才能感受到魄力，首先那些怪魚模型是真的很大又很重，是扛到一半大家會扛不動那種重，最後在車站前他們會有一個怪魚互鬥互撞的表演，那也很危險，感覺一個弄不好就會有人受傷。

至於典故其實滿老梗的，大概就是為了防止怪魚出來作惡大家每年都要獻祭，有一年壞心商人要把自己善良又漂亮的女兒獻祭，結果引來民眾反彈，最後路過的帥哥劍客就把怪魚殺了，大家就很高興放火把怪魚的屍體燒掉。調查以後還有流傳幾個不同版本，內容不太一樣但都滿無聊的。

歐歐在冬季發表時做的小誌封面，她的措辭之有趣到現在還是令我佩服。

最後一個部分在動橋地區公民會館，大家談到動橋的民間團體為了取回當年榮景想了很多對策，大家覺得很奇怪，明明動橋居民還那麼多，為什麼人家就是不願意出來？於是當地頭人們想了很多活動跟企劃，卻沒什麼效果。雖然我只是個外人，但逛了一圈覺得答案超級簡單。車站前面開一家 7-11 然後旁邊再開電動間跟咖啡廳大家慢慢就會出來了吧，連一家店都沒有，到隔壁站又那麼近，大家當然選擇去隔壁站啊！不過這畢竟不是我的場，還是少兩句好了，一整天下來也很累了還是早早解散吧！

動橋地區結束後大家搭上巴士到山代去泡溫泉，之後我就跟跟大家分開結束了今天的行程。

● 八月十號（陰）

這天是簡報製作跟其中發表的日子，因為我接了台灣觀光導覽，所以下午只去露個面問一下有沒有要協助的，之後看歐歐的提案一切順利，就先離開了。晚上觀光客離開後我再度驅車前往大家住宿的竹之浦館，除了確定歐歐第二天發表那部分需要翻譯以外，也跟老師確認提案內容有哪邊需要修正。我到達時已經是晚飯過後，但每個人一副準備要

熬夜的氣勢，有人因為企劃被老師退回幾次沮喪不已，也有人因為想不出來而懊惱，整個空間氣氛低迷。

相較之下早已決定要做什麼的歐歐倒是胸有成竹，大概整個對過資料，再跟大家閒聊一下發現已經凌晨，於是我就先回家了。

● 八月十一號（晴）

這天明明就不是我要發表，但卻搞得我很緊張，前一天晚上協調的結果是在發表時我跟三島一起上陣，歐歐用英文發表，三島翻成日文，然後觀眾有問題我就翻成中文給歐歐聽，歐歐用英文回答以後三島再翻成日文。雖然這樣的三角陣形應該是完美無缺，但面對一堆地方大老還有政府長官，我還是滿緊張的。

歐歐的計畫是用外國人的觀點做一本山中溫泉的小誌，大家可以透過這本小誌的內容找到當地有趣的人物，然後跟他們搭話。至於其他人的計畫我當天真的太累，只對幾個有印象而已，總之這一週行程真的太厚重，礙於篇幅很多細節都沒提到。之後有機會再寫個後日談吧。

●● 4. 遠在東京的另一個現實

「Yo」「你來啦？不好意思讓你久等了！」「不會啦我也才剛到。」幾個月後，場景換到行人熙來攘往的澀谷街頭，我跟 PLUS KAGA 某個學員在東京碰了面。

「嗯～我看看喔～那你今天就先陪我去雅敘園看展覽，然後再陪我去挑禮物，最後去吃飯喝酒，這樣可以嗎？」「隨妳囉！我今天一整天都有空啊！」眼前這個小我十幾歲的女生，就是幾個月前在最終發表會上約好要在東京見面的女大生。

「那之後怎麼樣？」「回來以後都在忙就職啊！」日本大學生若不升學，在畢業前就要進行求職活動，除了制式的說明會與各種考試外也包含了實習等等。「那 PLUS KAGA 的計畫勒？」「跟你說其實我去以前大概有想好要做什麼了，沒想到直接被老師通通推翻，真的很煩欸！」我今天的一日玩伴就讀於日本女大，發表時她的台風穩健，帶領工作坊討論時也頗具領袖魅力，而在正式行程外的餐會跟飯局中，也看得出她是個平常在自己圈子裡帶頭的角色。而發表後慶功宴在酒吧的二次會上，大家喝得醉醺醺談論著自己的男友女友，我發現對這個話題興趣缺缺的她，就坐在隔壁桌跟她傳起了簡訊。

老實說那個局對我這老人來說超級無聊，不過考慮到要負責看著治療中的歐歐，避免有什麼閃失，我還是拖著疲憊的身軀跟到二次會，那既然來了就想辦法用自己的方式享受吧！大學生們七嘴八舌聊著感情問題，很明顯沒有翻譯插嘴的機會，我就跟歐歐翻譯著人家聊天的大概內容，一邊用中文吐槽著。原本想藉機描寫優等生們壓抑卻又在想用某種隱晦形式追求快感的細節觀察，但為了怕情節往官能小說方面發展，還是作罷。只能說這些社會菁英預備軍們言行中。

表現出的「壞」，極度低調卻又引人遐想。

「嗯～半推半就比較情調啊…」就如最近某位文青女作家跟我閒聊時，用天真調皮的口吻說出這句台詞般。在昏暗燈光與酒精催化下，照出了白天認真的好學生們在私領域耐人尋味的一面。至於我跟那位女作家在聊什麼才會聊成這樣？是在聊改裝機械式鍵盤的事啦！

PLUS KAGA 一直強調以個人為計畫中心，而令我好奇的是這之後社群會怎麼形成？夏季跟冬季工作坊之間，大家的心境又是如何變化的呢？

「欸！你看這個好可愛喔！」「喔？不錯啊！」場景回到東京，我們逛著展覽會場，而她指著雅敘園中的某個展示物，老實說我並沒有那麼風雅的興趣，也說不出什麼像樣的評論，平常連動漫展都懶得去排，現在居然在高級飯店裡看著傳統文化現代藝術之類的

高尚展覽，也許正好彌補當年沒有約妹去國家音樂廳的缺憾吧？

現身在東京的她，全身上下散發出的氛圍跟在加賀時截然不同。「欸！你覺得買這個好還是那個好啊？」「嗯～要看妳要送給誰囉？看妳朋友喜歡哪個？也要看妳們是哪裡認識的朋友啊？」「嗯～對欸！我想想喔！」她歪著頭雙手抱胸邊開口說道「我們一群朋友是從小的玩伴，然後其中有一個要出國留學了，所以有個歡送會，我想買點東西送她。」「那可以看看她喜歡什麼，或是她在國外用得到什麼、還是妳們有什麼共同回憶之類的？」經過一陣掙扎，她總算準備買單。

「喔！？美國運通卡！？貴婦大學生辦的卡欸！！」「沒有啦！只是學生卡而已，你不要亂講啦！」雖說只是學生卡，但孤陋寡聞、生活圈也不是特別富裕的我好像第一次看到有學生拿美國運通卡。

「跟你說，我妹最近好像又要比賽了。」「喔？你說那個新體操的妹妹嗎？」「對對對！」記得某天聊天時她突然傳了一段影片，內容是一個女生在跳新體操，我原本以為是網路影片，看了接下來的訊息才知道是她妹妹參加比賽，全家人去幫忙加油。妹妹的興趣是新體操啊…我試著從這些蛛絲馬跡中，梳理出自己大學生活還有當時生活圈到底多荒淫無度，真難想像眼前的人跟當年的我一樣都是大學生。

「老師！我有個問題！」「什麼？」「在大家喝酒的時候要是妳沒辦法融入話題，那要怎麼應付？」「簡單啊！先說我要去上廁所，然後補個妝回來再插嘴問大家在聊什麼，來個敗部復活戰囉！」當初我會注意到她的原因其實也是因為有點嗅到跟自己一樣的味道，雖然可以帶頭，但是在陌生的環境中剛開始會察言觀色並不會強出頭，這種在團體中的求生能力實在令人敬佩。我認為在陌生的社交場合中想要掌握局面，需要兩種能力，第一個是察言觀色，在對的時機說對的話，而第二個是打破局面，在冷場或熱鬧的情況下都能用一兩句話把話題帶到對自己有利的方向。

以我的年紀還有面對的場面來說，現在處於被動的局面佔了幾乎九成，因為不管哪個飯局，都一定有「主人」或是「長輩」這樣的角色存在，但對於怎麼抓住每個場面的風向，

還有在對的時間點講對的話這件事也一直是我所在意的。

「妳怎麼那麼會啊妳？」「其實我只是很膽小，很怕惹大家生氣而已啦⋯」吃完晚飯來
到居酒屋，我們邊喝酒邊聊著。「我看你平常應該就是朋友裡面那個帶頭的吧？在加賀
不會覺得很沒辦法放開手腳嗎？」「嗯⋯其實我從小就很膽小，因為怕爸媽生氣，所以
要考個好成績，做個乖孩子，在很多事情上，我都避開跟人爭高下，與其說是求勝，不
如說只是拼命立於不敗。」「那 PLUS KAGA 勒？我在聽了大家發表以後，其實滿有
感觸的，因為是一人計畫，所以資料蒐集跟整理的能力，簡報製作到最後上台的口條，
雖然可以看出大家都很努力，但是就是有差。」「對啊！大家都太厲害了，所以我為了
要在這些人當中立於不敗，只能加倍努力囉。」幾杯黃湯下肚，她不見平時的氣勢，
而是像個小孩般坦率。「想要遇強則強可不是每個人都可以辦到的，冬季工作坊再加油
吧！期待妳計畫的最終內容喔！」「這樣我壓力很大欸！等工作先找到再說啦！」

一直以來我很好奇這些菁英為什麼動機來到加賀，而她們私底下又是什麼樣貌，有著什
麼煩惱，最後又是什麼動力支持她們走到計畫實踐那一步？在這獨處的一分一秒鐘，我
試著更接近她，也試著更接近答案。

「其實我當時也想說來玩玩就算了，但是不知不覺身邊的人居然一個個把計畫付諸實
行！我開始覺得自己這樣不行，我不想輸給他們！然後幾年後，我自己的計畫居然也可
以做到第二個甚至第三個衍生計畫，最後還進了三島老師的公司！」場景再次轉換，這
是一年後我跟 PLUS KAGA 計畫成員們熟識後，聽到來自於某個大學姊的感想。起初
只是小小的契機，也許是不服輸，也許是想證明自己不比別人差，但能將一點點火花化
為莫大的動力，這就是 PLUS KAGA 計畫歷代成員們讓我最讚嘆的部分。

## ●● 5. 大學生們的計畫

夏天的工作坊結束後經過半年，同樣的成員再度集結於加賀市，就這樣冬季工作坊在嚴寒中開始了。冬天行程不同於夏季，共同參訪討論與工作坊只佔了一小部分，取而代之的是更多自由調查，讓大家把計畫做到最完整，也能在最終發表會上呈現最好的一面。

這時間好死不死，正好跟我光輝塾的最終發表重疊，因此除了準備自己的發表以外，還要陪著歐歐到處去採訪、翻譯，最後被三島老師丟包的我還要陪著她上台做全程口譯。現在回想起來那段時光只有痛苦兩個字可以形容。首先要找採訪對象，然後把大家有空的時間通通排進幾天內，這件事已經很困難，接下來又是無止盡的口譯，在歐歐聊一聊沒梗的時候我也要幫忙補幾句話，有時候又要防止自己聊太爽搶了歐歐的戲份，話說回來途中雖然跟她有些小摩擦，但是歐歐整體表現已經很超水準，途中她也教了我很多台灣社區營造圈的事，說到底我還是該感謝她。

冬季發表時，夏季上台略顯羞澀的幾個學員，突然間好像變了個人似的，台風跟簡報內容都有巨幅進步，聽完再度讓人感受到學生們的潛力跟來自什麼學校跟科系沒有絕對關係，反倒學習動機才是關鍵。

這一年的冬季發表，除了應屆學員提案外，也有成為社會人的學長姐抽空前來在會場上公開分享他們計畫的執行成果。

「這個計畫的高潮就是我自己要跟著垃圾一起被放水流啦！！」針對片山津垃圾問題的計畫叫做垃圾太郎，是由這一屆學員大步提出，當初為了計畫要怎麼取名才會有梗，他跟三島僵持了很久，那個熬夜做簡報的晚上我也在，知道整個歷程有多痛苦，過程中不斷重複著去會議室討論、被打槍、回到和室男生休息區地上滾來滾去、沉澱、重新振作改企劃、然後繼續拿去討論被打槍…就這樣持續了好幾個小時，整個建築物瀰漫著類似當年設計學院期末評圖那段時間的低氣壓。

「垃圾太郎」這個計畫的命名，來自童話故事桃太郎中一開始桃子從河流流下來的橋

段。大步決定先在各個上流放浮球調查這些垃圾會從哪裡流到哪裡，而在執行初階為了製造話題性，一定要盛大舉辦，於是他決定跟著那些浮球一起被放水流，新聞也用了大篇幅報導。

但只有這樣計畫還太粗淺，後來他花了很多時間去跟教育團體協調，把這個調查加入小學生的課外活動中，讓小朋友在浮球上寫名字然後把浮球放水流，最後在下游大家各自回收，再利用那些小朋友的浮球路徑蒐集更多關於垃圾路徑的資料，計畫執行中研究當地潟湖的學者跟當地居民也提供協助。而一年多後他也繼續跟漁業工會等團體合作，定期回到加賀跟大家討論怎麼解決垃圾問題。

沐浴桶計畫是由之前畢業學員伴野所提案。這個計畫是訪問有到公共澡堂泡澡習慣的當地人們，看大家隨身攜帶的沐浴桶裡面裝了些什麼，再做成書的計畫。剛開始我聽了還真覺得不怎麼樣，但聽在發表上她緩緩說出「我調查了一百個沐浴桶…這一百個沐浴桶，就有一百個故事…」喔喔喔喔！整個都高級起來了啊啊啊！當地人的生活習慣很多都是受到當地氣候、歷史、文化影響，這要是深掘下去的話不得了啊！可以出書了！

而這個計畫後來果然用她畫的一百個沐浴桶出了一本書，辦了展覽會、公開發表會、最後還在溫泉區賣起了週邊產品。

原本我一開始看到桃太郎救生衣裝還以為他要直接跳河，結果還是坐船，其實內心有點小失落。

值得一提的計畫還很多，但要說一個最能代表 PLUS KAGA 的計畫就是尤莉雅的空屋計畫了。其中包含了她本人的成長，計畫的延續性以及跟當地人建立起的信賴關係。尤莉雅的戰鬥從 PLUS KAGA 開始，但卻沒有因為計畫完結而結束，而是一場無止境的自我實現之戰。

「我想要追求的不是大家看到我就說『那個慶應的女生』。而是自己在抽掉了名校光環跟所有標籤後，我還能是我，我就是金田尤莉雅，不需要任何標籤來襯托自己的價值。」在台灣時我曾經跟她兩個人單獨徹夜暢談，發覺這小小身軀裡蘊藏的能量跟抱負可不簡單。記得在台灣那晚，台南活動結束後大家分開行動，她跟帶路的歐歐先行北上，我們也各自解散。

而某天晚上歐歐因為有活動要準備，隔天尤莉雅又要先行搭機返日，因此歐歐就叫她自己搭便車下山，雖然台灣治安不差，但一個閃失責任一定又到我頭上，其他同行的加賀夥伴聽了也不太安心，總之一番波折後，我總算是接到她，大家解散後也跟她聊了許久。

「扣除妳的家世背景，妳身上所有的光環都是自己爭取來的，不是嗎？那也是一種戰利品啊！」「哎呀！不是那樣啦！人的價值一定還能透過更多東西來證明，而不只是那些標籤。」平時積極努力的尤莉雅，此時難得露出了消沉的表情。從她在 PLUS KAGA 的第一個計畫利用閒置住宅舉辦的老媽藝術展開始，透過這些老屋，她也不斷串連起各種資源與人脈，而活潑可愛又頂著名校光環的她，在當時加賀無疑是人見人愛的小女孩（也包含身高）。

「其實王桑家也算是有空屋問題

伴野的報導，她後來也成了 PLUS KAGA 的工作人員。

欸？」「喔？我倒沒想過這件事。」自從阿公去世後，的確我們在台北的家就一直空著。明明就是交通位置最方便、位於台北市正中央、又是乘載大家最多共同回憶的家，但自從阿公走後，這個家似乎成了一個誰也不想收拾的爛攤子，大家偶爾回來，除了上香以外只會坐在阿公遺照前自顧自的聊個沒完，明明阿公還在世時大家都沒辦法跟他愉快的聊那麼久，想想還真有點諷刺，我們在失去的家人身上，究竟追求的是什麼？而這個家對大家來說又代表什麼呢？

都市的空屋問題比較不會浮上檯面，我想是因為不動產本身乘載太多商業價值，所以在諸多外力影響下被壓著吧？

「妳當初是怎麼會著眼在空屋問題的啊？」我問道。「這跟我大學學的原本就有相關，但是在學校還沒有那麼多感觸，實際來到加賀後，看到那麼多老舊廢棄空屋對街景影響，還有在都市計畫裡的影響，就覺得我該把這個當作項目。」實際上在執行計畫第一階段「老媽藝術展」時，尤莉雅就把畢業論文題目設定為空屋問題調查，也針對空屋的屋主進行採訪。

「空屋問題其實牽扯了很多家族問題，像王桑家這樣可能卡在家族間的心結、或是繼承等等」在台灣，我們對不動產繼承習慣的思考模式就是爭產與家族糾紛，但若換個條件，像日本鄉下一樣，不動產成為負資產時會是什麼情況？當然家族糾紛也可能發生，拋棄繼承、或是整個擺爛的情況也有，面對家族留下的老屋，沒錢整理、沒錢拆除、沒辦法變現、更不可能搬回去住，這時候究竟該怎麼處理？

「閒置老屋的問題除了是社會問題、更多是歷史、文化跟家族關係，甚至更細緻一點，可以說是人與人之間的問題。」她繼續說著。住宅區中出現了越來越多這樣的閒置老屋，除了街景以外，也可能成為公共安全的死角，但大家都彼此認識的情況下，對別人家的事說三道四又不好，這時候要用公共的力量去解決也很困難，完全是一個死局。

「日本現行的稅制對空屋持有者來說負擔很大，而且很多人是因為繼承而突然擁有一棟空屋，不要說他們根本不知道怎麼處理，有時候連自己就是空屋問題的當事人這種問題

意識都沒有，就像你啊！你不是說這裡算是台北市很方便的地方嗎？那怎麼會閒置那麼久呢？」「嗯～很多原因啦！這也不是我這輩可以決定的啊。」「就像你們家一樣，大家都有很多原因，所以才有那麼多空屋沒辦法再利用囉。」

尤莉雅計畫第一個階段，是跟煩惱要怎麼處理家裡老屋的酒店小開衫山（就是上一章有提到的 DJ）共同進行，當時討論了很多方案，也考慮到預算跟如何透過活動打平這件事，最後誕生的就是「老媽藝術展」這個活動。展場蒐羅了加賀各地老媽跟阿嬤們的手工藝品，除了利用手工藝打破地區間的隔閡讓大家交流外，也透過展覽打破原本封閉的老屋跟街區間的隔閡。兩天活動結束後，創造了 150 人以上的入場人數，同時藉著周邊產品的販賣，也打平了佈置的經費。

「對啦！不過妳能對這問題研究那麼深入，我覺得很厲害欸。之前不是還拉了一個送家計畫的團隊進來，然後還把那個老屋弄成 PLUS KAGA 的加賀辦公室嗎？」「對啊，那也算是計畫的衍生吧？不過沒有大家幫忙一定做不到啦！」

送家計畫（おくりいえプロジェクト）以我有限的日文程度只能這樣翻譯，這個計畫發起於金澤。金澤是一個擁有悠久歷史的城市，同時也存在著許多傳統建築，但隨著都市更新，這些老屋平均以每年 270 棟的頻率消失，雖然老屋的保存、再生與利用都很重要，但無奈許多現實條件影響下，大家能做的很有限。「既然留不住，那我們讓這些老屋用最棒的狀態離開吧！」送老屋最後一程，就是這樣簡單的想法，讓一群與建築相關的從業人員們開始了送家計畫。

這個計畫的內容剛開始很簡單，就是大家找要解體的老屋進去打掃，清理屋內的廢棄物，最後參加者可以帶走自己喜歡的東西。後來這個計畫開始慢慢有名，也衍生出了不

老媽藝術展現場。

同的形式，比如在加賀，他們就來
幫忙整理、辦活動，最後把整理好
的古民宅送給新使用者。

當然過程中維持著一貫傳統，幫忙
打掃整理的人可以帶走屋內原本的
東西。我剛開始聽到這個活動要在
加賀舉辦時很驚訝「到底為什麼找
人去幫垃圾屋打掃也可以變成一
個活動啊？到底誰想去免費幫人
打掃？」結果那天我到現場時打掃已經幾乎結束，要送人的東西還零散地陳列在外面空

把渓家計畫整個搬到加賀來執行，當天聽說載走五卡車的垃圾。

地，但多數都被搬的差不多了。然後現場認識的人居然還不少！？連我同事都跑來了。

問了大家為什麼會想來幫忙，理由五花八門，有些人沒有想打掃單純是來撿東西，有些
人是住附近閒閒沒事，想看看隔壁廢棄很久的老房子裡面長什麼樣子，最後我也問到這
個計畫發起人田中小姐為什麼那麼多人會來參加？她說創始成員裡面清一色都是熱愛傳
統建築的人，後來有想來交朋友的、單純想活動筋骨順便跟人交流的，漸漸五花八門的
成員越來越多，轉眼計畫也進行了快十年，透過這個計畫，成員們也有接到跟本業相關
的商業委託。

「但是整理好以後居然還便宜租給你們當作三島老師公司在加賀的辦公室，這也讓我滿
驚訝的欸。」「對啊！現在改造還在慢慢進行中，每次去加賀雖然工作很累，但也會期
待這些東西慢慢推進呢。」尤莉雅從 PLUS KAGA 第一期開始參加，後來成為三島老
師公司的實習生，繼續輔助 PLUS KAGA 以及日本各地的都市計畫專案進行，如今已
成為可獨當一面的大將。而她個人的成長、在加賀市打下的人脈、逐漸改變的街景跟居
民彼此的關係，都是 PLUS KAGA 所帶來不容忽視的成果。

這些都是 KPI 所無法呈現、慢慢將負面現狀引導至正面將來的力量。

## ●● 6. 後日談

我看著 PLUS KAGA 到現在也三年了，學生們來來去去，各區域居民們也因為每個計畫中跟大學生們小小的協作而漸漸形成新的市民組織，現在也在加賀市各處活躍著，而那些畢業的學長姐偶爾回來時，大家都會找時間把酒言歡。而因為疫情影響，第六期工作坊中投入了很多線上發表跟交流方式，而夏季發表會尾聲的 free talk 題目為「plus kaga 消失的那一天」，政府委託的案子總有結束的一天，當那一天來臨，我們能留下什麼？與談人有四位，分別由各期代表擔任，其中兩名來自東大、一名來自慶應最後一名則來自多摩美術大學。

會中提出了四大議題：
1. 經營團隊的能力有限，每年靠學長姐幫忙究竟能持續多久？
2. 計畫進行了五年，加賀市有參與的居民很明顯形成了一個小圈圈，有沒有辦法設計一個模式讓其他市民更容易參與？
3. 大學生在執行計畫上無論在經費或是時間上都有極限，能不能發展成商業模式？
4. 怎麼延續一個良好的社群，建立橫向與直向連結的系統。

針對這四個問題，每個人都提出了一番論述也激發了很多討論。對整段討論我非常有感。每個大學生一來到加賀，剛開始都在尋找地方有什麼課題，但三島老師不斷強調：「你們不是來幫忙解決問題的，你們應該是來做自己想做的事，只有內心有熱情，才能推動自己前進。」

這我在組織建立課程中也聽過，個人等級的願望還有問題意識怎麼跟團隊等級，以及組織等級的問題意識做整合是一件很重要的事。在我們起心動念時，哪部分是個人願望，哪部分是為家庭、為組織設想？又有哪部分是涉及國族意識？不釐清的話，很多事都沒辦法討論下去。比如大家覺得大眾運輸方便，又不想鐵道經過自己家門口等等。很多議題需要釐清問題層級與個人立場、釐清自己為了達成目的願意犧牲讓步到什麼程度，不然根本沒辦法討論。計畫究竟是為了自己，為了在地某些朋友還是為了加賀市？不釐清這些事，整理出利害關係再找出共同前進的道路，很多事都會推到一半卡住。

我想連很多大人都做不到這些事，因為大家在學生時代沒有累積充分的良性討論經驗，所以出社會後才要重新學習。而沒有能相互砥礪與思辨的同伴，光靠閱讀跟吸收，進步也有限。畢竟閱讀是靜態，跟人交談則是動態的。

一切問題源頭，可能還需要回到自己內心深處，內心夠堅定，才能踏實的往目標邁進。人生中多數的成敗，都建設於強大的心靈之上。心靈上的強大來自於核心信念，若核心信念不夠堅定，很多個人行為、觀念跟想法都經不起考驗。

曾經我還小，參不透這句話的意思，迷信方法論跟金錢，這幾年才發現很多已知的事，都因為過不了內心那關而停滯不前。比如經營臉書專頁，明知道該好好看數據，迎合目標受眾，乖乖打廣告，卻因為自己堅持「我覺得自己寫的跟那些膚淺專頁不一樣」這種無聊事而沒做到，殊不知在網路上我根本不是個咖，也沒人在意，就因為太看得起自己，反而拉不下下臉。

以前在做不動產業務的時候，也看過很多新人怕丟臉就不想用自己 SNS 帳號 PO 廣告，很多小事都是卡在內心障礙跨不出第一步。其實釐清了事情的目的跟內心的願望，就知道什麼可以放棄，什麼又是該守住的。

「日本因為經歷過鎖國，因此在面對自己內心的敵人這方面，有相當多領悟跟解釋，我們也稱之為禪。」這句話是某位日本酒酒匠在論述品酒時跟我說的。如何面對內心的敵人，克服心魔，一直是人類的課題，而台灣人迷信有形的東西，認為有錢有方法就無所不能，我也曾經覺得什麼心靈都是狗屁，連講投資都有人嗆爛什麼跟心理素質有關。但自己做過就知道，每天看那些數字上上下下，要堅持自己的策略是多不容易。很多人覺得放貸或是當組頭利潤高很爽，但怎麼要錢的執行面不說，每天看錢大進大出，有幾個人心臟受得了？

想擁有足夠強大的心靈，除了靠各種學習跟吸收各種知識了解世界以外，千錘百鍊的思辨能力更是不可或缺。當有了錢，工作也穩定之後，要面對的人生課題，還有怎麼尋找自己人生真正的願望，這題所需的強大精神力還有論述能力，可不是體制內教育隨便

能培養出來的。

當然很多人在庸庸碌碌追求金錢、慾望或求生存中就度過了一生。我無意評論任何一種人生觀，只是想從生存、物質昇華到一下一階段的話，那除了錢跟工作，我想還需要點別的東西。

兩年多時光一瞬間就過了，除了在日本參加工作坊，我也在台灣帶過私立大學工作坊，也在國立大學擔任過講師，除了感嘆自己再也不是活動的主角，只是個輔助者以外，也感嘆同樣模式套在不同族群身上所得到的結果截然不同。只能說工作坊中人家知不知道自己為何而來是一件很重要的事。

## ●● 7. 結語：能傳承到下一代的技術

曾有一篇文章提道，這個時代科技日新月異，社會結構跟變遷也完全不能套用上一個世代的法則，那大人們究竟能教給孩子什麼？

我想這答案日本早就有了，那就是該怎麼面對自己的內心，克服心魔，從內心挖掘出人生真正的期望跟目標。這個過程很痛苦，但絕對有價值。講到這裡也不禁為自己曾經的膚淺嘆息。

每個人心中都有一個獨一無二且耀眼的北極星，透過不斷的實踐與達成階段性目標接近它，讓它的輪廓更具體，更完整，就是我們每個人的課題。做計畫是如此、企業經營是如此、地方治理是如此、我們的人生更是如此。

## 另一條主線：政府出錢還是自己賺錢？

在台灣我在很多分享會中常常聽到商業模式這四個字，所以在日本我也在各個場合不厭其煩地當個討厭鬼問大家：那你們是怎麼賺錢的啊？

問了那麼多次，我也有一些結論，首先每個參與社區營造的人，都不能忘了自己的本業，原本是靠什麼賺錢的就靠什麼賺錢，要是社區營造只會為自己本業帶來負擔，那就想辦法養活自己再來，反之社區營造活動若可以幫自己的本業帶來更多收入，才是最理想的狀況。把範圍放到戰略等級更高、牽扯層面更多的地方創生來說更是如此。

台灣為什麼衍生那麼多資源分配不均的糾紛，我想一部分問題在於有些單位把社區營造或是地方創生當作本業，這麼模糊、命題範圍那麼大的東西要當作本業的話是不是有點難規劃跟執行？以我來看，連可以動用行政資源的各政府單位都礙於各種原因做起來有點掉漆了，更何況是民間單位？

台灣地方創生跟日本地方創生都有個維持人口的目標，但底下牽扯的層面廣度絕非一兩千字可以帶過，最簡略的說法就是產官學合作跟連結，還有同業異業間的橫向連結，這樣講起來怎麼看都是政府的工作吧？

本來橫向連結這件事，就該是民間單位在經濟跟時間都有餘裕的狀況下發展出的副產物，透過橫向連結我們可以得到更多有形無形的利益，這才是最健康的型態，比如商店街公會一起辦活動增加更多收益，家長會匯聚力量增加教育資源、或地方宗教團體利用香油錢做地方建設。

但橫向連結這件事由政府委外執行就變質了，首先什麼民間單位才有能力執行一個長久又有效的橫向連結體制？要用什麼 KPI 來檢驗成果？用什麼名目發錢？長期由同一個單位執行會不會有爭議？我想不是所有事都需要用商業模式來切入，政府不出錢，那大家協調一下在合理範圍內還是有很多事可以做，有些事情做到打平大家有樂趣就好，如果要成為商業，那要去拿資源、要投入多少時間，都是該另外討論的問題。

總之大家拿錢出來做事，跟政府拿錢出來大家才做事，這兩種狀況的本質跟衍生出的情況都會不一樣；最後回到現實面，日本政府法規、風土民情、地方資源等等跟台灣都天差地遠，究竟什麼才是台灣的玩法，還需要大家一起在執行中修正跟討論。

以 2018 時間線來說，我光輝塾的課程與當期 PLUS KAGA 幾乎是同時結束。而在實踐方面，我之後也在台灣跟大學協調，試著實驗性投入 PLUS KAGA 的模式，但事前準備不足，因此之後狀況不甚理想，而上一章提到的光輝塾，我也在台北試辦過一次，為期半年，成果可以說不好不壞，雖然當初招生時，有些朋友以為我在做直銷或是奇怪的生意回絕了我，但最後的成員跟社群互動狀況還算差強人意。

這些作為中產階級自救會軟體部分的實踐才剛起步，另一方面硬體部分的空間、商業模式等等，雖然模糊，但我心中已經有了一些答案。

# 終章
# 邁向下一個時代

## ●● 從心中的北極星到人際連結

「小時候不會讀書,出了社會後也不是很會賺錢,那我的人
生是不是毀了?」我的生命歷程如果循著台灣社會主流價值,
那似乎是一無是處。

興趣廣泛總是喜歡一頭栽進新事物的我最常聽到的問題是:
「那可以賺錢嗎?」人一輩子來世上就走那麼一遭,難道非
要把所有東西都跟賺錢連結才行嗎?台灣現在的居民們除了
原住民以外在不同時期移居到本島,新移民為了求生存總要
拼上全力,而移居海外的新移民也是,為了要給下一代更好
的條件,為了不要被當地居民看不起,為了爭取比在本國時
更好的生活,大家也拼了老命。

但生存跟生活是不一樣的。

還記得在東京最後一次吃吃到飽。那天最後一次點餐時我按
照慣例點了一大堆,結果時間到了沒吃完,店員把沒吃完的
肉一盤一盤加進帳單中,雖然不至於貴到付不起,但心情卻
不太爽。

照片來源：西花 優希（にしはな ゆうき）

「靠！我上次跟我們學校日本人來吃最後時間到有剩他還是讓我們吃完欸！」「算了啦，人家規則就是這樣寫的啊。」我不滿的抱怨著，而友人接著說：「這樣吃，不覺得很虐待自己嗎？」「對啦，年紀也到了，每次硬吃的話肚子第二天都很不舒服。」「想想這種吃東西的方式大概也跟台灣人的觀念有關係吧！」「喔？又跟台灣人有關係了？」「你想想台灣以前是移民社會，一開始求生存很辛苦，要省吃儉用，與其買好東西用久一點，不如買便宜堪用的東西用壞了再買。」「那跟吃到飽有什麼關係？」「在求便宜跟 CP 值的情況下，去吃到飽就要挑貴的吃、拼吃夠本。其實吃到飽是賣一個選擇權，讓你可以隨便挑菜單上的東西吃，而不是讓你吃夠本。畢竟在我們這種年紀怎麼吃才會夠本？吃到肚子整天不舒服有比較夠本嗎？那你再算一算，我們吃吃到飽的錢，去點單點可以點幾盤？一樣的價錢，要選擇吃粗飽還是吃品質？」

想吃粗飽還是享受美食？我想這就是生活跟生存心態上最大的不同。

最終還是該回到生命中那個北極星，汲汲營營在眼前的工作上，抬頭仰望星空時大概也是自己沒辦法再衝刺的年紀了。

光輝塾的前輩在訪談時曾經說過：「在日本的教育中教導大家怎麼找到好工作、賺錢、成家立業，然後就沒了欸？我們的社會也不會要求大家要去尋找自己為什麼而活還有夢想、人生的願望，大家沒有這些東西卻還是可以活得好好的，不覺得很奇怪嗎？」

不知道為什麼而活很奇怪嗎？在大家心態上都還在求生存的現代社會也許不奇怪，但就這樣過一輩子似乎少了點什麼。說到底人類就是一種動物，求生存是必然，但人跟一般動物不同的地方，應該就在生存跟生活間那一點差異。

從小我就堅信，人靠連結跟團結才能變得強大，強大到能獨當一面、強大到能追尋夢想。而這些連結是可以靠自己創造的。走過了一個又一個圈子，從當年蹲在西門町圓環還要躲警察的屁孩、到在大學社辦忙進忙出的幹部、場景換到東京，跟同學們一起組隊去設計師週擺攤、之後跟朋友創業，人生中最難忘那些時光，我身邊都有不同的夥伴支持著。

而加賀、東京、台灣三邊跑的這幾年，我對夥伴還有連結又有了新的詮釋。除了精神跟哲學上的闡述，更多的是如何培養信賴關係的方法與協作過程。

前面一直有提到的中產階級自救會，核心理念來自於我的人生目標：希望所有幫助過我的朋友都能快快樂樂的活著。到了一個歲數以後才發現要讓一個人快樂活著需要太多條件了，大家都被困在自己人生的迷局中，狼狽地應付著現實，哪還有餘力去尋找該為什麼而活？相信為了家人而活是很多人的答案，但抽離了家庭以外那個自己呢？父母安詳離世、小孩平安長大，人生就能畢業然後可以含笑九泉了嗎？這題答案應該每個人自己心中都有答案。

在人生有很長一段時期，需要打起上一輩跟下一輩的壓力，那會讓人會變得保守，想保護的東西更多、更害怕失去，也漸漸生命開始從開創走入穩定與平淡，那個時期很多人的能力跟資源雖然可以乘載家庭跟自己的生活，卻再也打不起熱情帶來的激盪。

那這時候我們能不能藉由彼此連結，而達到某些成就與自我肯定，甚至再一次讓熱情帶著我們更接近生命中的北極星？如果我們的社會資源不足以支持自己成就更大的夢想，能不能靠著彼此連結，讓我們走向更美好的未來？如果這個社會跟這個世代，帶給我們的只有失望，那能不能靠著彼此連結，凝聚一點希望？

中產階級自救會的藍圖在人際連結的模式方面，我希望能靠前文中光輝塾的模式作為基礎，慢慢在執行中修正出台灣與台日的版本。而另外沒有提到的硬體方面，我則是把答案寄託在日本地方的不動產再生模式上。地方創生剛開始是每個地方政府關起門來玩的事，後來出現了帶有嶄新可能性的跨域合作。那如果把眼光拉到跨國協作又產生怎樣的效果呢？

## ●● 待驗證的模式

從決定來到加賀以來，我就不斷尋找大家最愛談的商業模式，從傳統的不動產仲介，到觀光、旅館業、餐飲業、零售業、貿易業，我思索了很多可能性，也在日本的模式中不斷尋找適合適合把中產階級自救會這個軟體放進去的商業模式，想了半天，最後還是回到不動產。

社會創新類的公司只要拿不動產當作事業母體，似乎永遠都會有很多藏在背後不能提的事。是不是哪家公司又投注了大筆金錢？還是根本是某群炒地狀元經過包裝的發財計畫？先撇開這些不提，雖然執行面上也多少有爭議，但在日本的確有幾家不動產公司的模式讓我很敬佩。

這些公司都有幾個特徵，首先需要同時具備仲介以及室內設計兩種人才，其次要有經營社群的能力，最後一個是需要深耕特定地區五到十年或更久。因為台灣房子太貴，想一次弄個街區來經營這件事一般人也玩不起，因此若要把跨台日的想法套進去，母體我覺得初期應該要放在日本那些僅次於都市的鄉下。第一步是透過社群的營造，促成台日的交流，第二步是在穩定的社群架構中創造台灣跟日本協作的機會跟案例，第三步是擴大

在日本的經營據點，大家一起集資投資日本地方不動產，最後軟硬體資源都湊齊，大家想做什麼計畫，或以什麼身份參與，都能自由決定。這個想法的一個關鍵在於參加者都要具備基本的協作能力，如此才能減少工作上磨合消耗的時間跟能量。

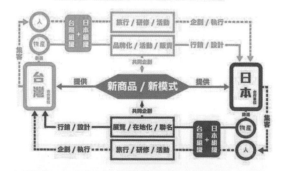

在任期第一年後我發現要靠講花很難說明架構太大的事，於是就開始作圖說明，這張就是我任期第三年最終的模式圖？創造一個平台能透過台日單次的交流活動挖掘能持續的商業模式。

執行面上有很多困難我現在已經遇到了，但就像每次開始一個新事業一樣，就花時間慢慢解決驗證吧！

## ●● 地方的處世方式──「用最討喜的方式做自己」

來到加賀後我花了很多心思在揣摩人際關係在任期第二年尾聲，兩年間幾個時期一起共事過的幾個日本人都不約而同的找我合作。聊到原因他們答案五花八門，但最令我印象深刻的是 PLUS KAGA 的三島老師說我「細心」。

我做事完全不是細心那派的，但在人情上會很在意自己有沒有虧欠誰，在鄉下這點大概很重要…或該說人情往來更容易被看到吧？想想一路走來跟加賀人們的交陪，不是花錢、送禮，就是帶著台灣來的大爺與千金們去消費，另外找人合作時能付錢我一定付，不會像某些人一樣每次用凹的，最後人情欠了一屁股，要說有什麼不一樣人概就在這裡吧？（在此也要特別感謝有來加賀找過我的親朋好友跟少爺千金們）

錢，是在這個社會上牛存重要的籌碼，用得好可以少繞很多遠路。但到了鄉下，人情、技能、陪伴都能成為籌碼，而用法全看自己怎麼交涉；或說這件事在都市比較隱晦，到了鄉下卻很明顯。在鄉下要怎麼跟人交陪，雖然心得大多是以前在都市的延續，但這些行動的反饋很快，讓人更有感。

還記得前幾個禮拜前跟同事到餐廳吃飯，結帳時老闆說「剛剛某料亭老闆也在這裡吃飯，看到王桑也在就留了一些錢說飲料算他的」若干比我早到任的同事一陣驚訝，同樣是在這裡兩年，我陰德值（估計等同累計消費額）居然已經累積到米其林餐廳老闆在別家餐廳遇到會請客的地步了。而且他留的錢根本遠超過飲料錢。

老實說自己也很意外，因為那天在店外忙著打電話聯絡公事，根本沒注意到另一家的老闆坐在餐廳另一桌。雖然有點開心，但遵循人情有借有還的定律，就是下次我勢必要帶著伴手禮上門。這種人情來往，好像也說不出什麼規律，畢竟人情是一種感覺，似乎感覺對了就對了。…但真的是這樣嗎？還是該說人情是遵循著社會大原則還有地方小原則下，針對族群跟個人還另有一套細則的複雜處事法則呢？

幾個月前在東京聽了 NCL 其他據點專案負責人的分享，對這方面敘述每個人也不盡相

同，有人說搞定地方上的意見領袖，盡力交陪那幾個人就好，也有人平常會多花時間跟鄰居聊天喇賽或是幫忙做點事，但是主張不會花太多錢。想來想去，這件事其實跟把妹很像。

雖然好像很多人都在送禮、獻殷勤跟當工具人，但有人就可以手到擒來、有人卻是萬年工具人。以前我在把妹這件事上有很多論述，因為我覺得男女間的拉鋸就是最究極的人際關係，能套用在各種事情上。

在各種交際中，首先要誠實面對自我。

幫忙做一件事、送一件伴手禮或跟一個人交談時動機是不是發自內心？如果基於某些目的，那最好減少過多這種消耗型的交際。有目的性的交際是一種耗損，多了會消磨意志，達不到目的消磨更多。因此做符合自己個性的事，活得像自己這件事是第一要務。其次才是面對他人。也就是先面對內心，再思考如何面對他人。以台灣人的習慣來說太常談方法跟手段，也因此常忽略了很多答案都在與自己的對話之中。

「先坦率面對自己，再用最討喜的那個自己去面對別人」就是我的答案吧！


## ●● 無所不在的階級

在某大學生計畫的活動中，我曾經跟加賀某個法國朋友有過一段對話。
「你們會去參加那個大學生辦的外國人餐會順便讓他們採訪嗎？」「我們？」
「對啊！就是之前大家一起烤肉聽歌的那些人啊！」剛來加賀時，我到處交關，也認識了這群外國人，當時常出現在聚會中的日本人除了能用英文流利溝通的工藝家與活動企劃以外，幾乎都是來自不同國籍的人，除了來自不同國家，職種也很多元，有藝術家、二手車出口的老闆、廚師等等。「哎！大家都有自己的事業，各忙各的，跟這些會來參

加餐會的打工族不同，圈子跟聊的
話題也完全不一樣，我應該也不會
介紹他們來吧！」

他那麼坦白的回答令我有訝異，畢
竟這群老闆跟自由工作者們跟我相
處時都是親切有加，雖然很多話題
大家也是直來直往，但這次對階級
這個敏感話題他也一語道破，當下
我感到有點錯愕。

照片來源：西花 優希（にしはな ゆうき）

在人生的路上，階級是一直如影隨形，出國後更是明顯。出國前選擇能什麼簽證，要以
什麼條件生活在異地，每件事都考驗著自己家族的能耐，可以說是經濟、社會關係，問
題處理能力的大考驗；要是學生時代就出國，那畢業後的選擇，更加凸顯了階級差異。

很多人會用資產來劃分階級，但這不全然正確，雖然很多事看似在資產上有個門檻，但
跨過了那道門，更多看不到的標準會細分出階級裡的各個族群。那鄉下的階級又是怎麼
形成、發展新事業時在城鄉間又該怎麼選擇呢？

銀彈多的人選擇都市看似再正確不過，因為在都市大多數的價值都可以用金錢來衡量，
簡單來說，在檯面上的東西，大部分都可以找到標價，檯面下的東西，只要學會怎麼用
錢，把關係搞定以後，方向大多也不會太模糊。但以經營事業角度來說，都市槓桿大也
意味著口袋不夠深，出手不夠精確很快就會燒乾。

相對在地方，雖然大家收入不高，因此很多價值不一定是錢可以換到的。之前跟某編輯
聊天，兩人戲謔地說道「北陸的人就是又窮又賤啊！」對於那些有專業尊嚴的人來說，
窮只是因為他們沒有想要賺很多，因為在鄉下不用賺那麼多。賤，表示他們對自己做的
東西有自信，某些價值跟堅持是花錢也買不斷的。當然以上是正面的解釋，以負面來看
也有很多例子，比如有些人很廢卻賤個二五八萬，但那種任性也是受惠於鄉下的低成本

生活。

如果到了地方，想要花錢交換自己想要的價值，就需要花時間摸清楚地方跟人群的個性，這件事很花時間，也不保證努力後可以得到什麼，但跟都市比起來有更多機會可以花相對少的錢得到相對強的合作夥伴。都市圈跟地方圈都有表裡兩面。表，就是上網能搜尋到、打聽到、大家都知道那一面。而裡，就是網路上找不到、打聽了別人也不一定會告訴你的那些規則。

選擇都市，表面上很多路可以走，好像努力就可以走上媒體鋪陳的那條成功之路。而在都市的裡，則是不斷明示暗示大家想實踐些什麼、成就些什麼，就多時候需要檯面上看不到的努力來得到檯面上看不到的助力。

選擇地方，表面上閒雲野鶴，雖然賺少少，卻能悠閒享受生活；而檯面下的地方，除了壓榨廉價勞工賺大錢的無良老闆之外，還有更多不為人知的暗潮洶湧跟政治角力。但把這些事摸透，也許就能以相對少的資本挑戰相對高的成就。

## ●● 那些沒寫到的事

加賀還有很多沒有寫到的部分，例如加賀的草木染跟陶藝銀髮社群、教育社群、還有官辦課程觀光創造塾所形成的學長學弟社群，這一群群人，讓我看到了人生在各時期呈現的樣貌，也常思考著怎樣才是圓滿的人生。但無論什麼年齡層的社群，大家抱有什麼煩惱或是什麼動機，最終解答總是指向人際連結。

我們該以什麼心態跟人連結？又該具備什麼條件？就先從坦率開始吧！想跟人連結就要先變得真實，不是以自己理想中那個自己的面貌去待人，而是以真實的自己去待人。成人之後我們有太多太多包袱以至於彼此難以坦誠相待，練習以真實的自己待人，就是第

一步吧！

這本書完稿時，全世界正面臨著前所未有的疫情衝擊，我的專案也陷入僵局。日本新首相上任時提了「自助、共助、公助」的概念。這句話完全應驗了協力隊前輩當年接受我專訪時說的：「日本政府早就釋出訊息告訴大家：中央救不了你們了，我們把錢發給大家，大家自己想辦法吧！」「很多訊息早就都藏在政策當中，只是有人看得懂，有人看不懂而已。」

而這次新上任的首相菅義偉所提倡的「自助、共助、公助」表現上更是露骨。要怎麼解釋這三個詞呢？自己幫自己就是自助；自己幫不了自己，找親人或是朋友幫忙就是共助；那還幫不了怎麼辦？真受不了你們這些小淘氣，每次都要政府來幫忙，這一步就是公助。這言論站在很多立場可以有多解釋跟批評，在此就不贅述了。那大家到底要怎麼自救？我想還是回到之前老師提過的：下一個時代應該是市民團體支持地方政府、地方政府再一起支持中央政府；最有辦法的其實不是政府，而是在民間那些掌握資源的人。

那這些人到底什麼時候會出手救我們？答案應該就在社群連結中吧！希望在我流落街頭前可以找到這題的答案，不然等公助可能要排隊排到東京灣去了。

## ●● 那些任期結束以後的事

### ● 買房

當初是我到加賀市之前，以一個房仲的習慣做了各種數據調查；幾年後即將開通的新幹線、外來觀光客中佔壓倒性多數的台灣人、長榮與當時剛開航的虎航直飛桃園班機、一小時內可抵達金澤的地理位置、各種社區營造計畫及政府輔助，各種資料都顯示，對台灣多數人來說是未開之地的北陸裡，還有一塊寶地。

在各種數據中，房價自然是一項重要指標。

在知道這份工作要到加賀赴任時，面試前我就開始看當地的物件了。最後找了兩年，總算在離車站五分鐘路程的地方買了人生中第一個房子，物件是舊屋，裝潢花了半年，費用大概是土地價錢的 1.3 倍，80 坪的土地，買到好不用兩千萬日幣，應該是中產階級家庭無須背貸就可負擔的金額。

買房這件事對我個人以及當地居民、政府而言都有重大意義。在個人來說，這是人生中第一個自己的家；對加賀居民，以及這三年間的合作夥伴而言，代表我跟那些任期結束後就離開的人們不一樣，會在這片土地上跟大家同甘共苦，對政府而言也增加了一個協力隊隊員成功定居的案例。在各方面來說，都算打了一劑強心針。

「那裡物件那麼好，那你自己有買嗎？」「當然有啊！」現在對那些以前客戶跟同業會問的問題，我也能挺起胸膛回答。

另外要說買房這件事在加賀跟東京有什麼不同，可以用一句話總結「加賀是個把人治發揮到極致的地方」，我想這法則應該也可以套用在其他鄉下，當然政府會釋出空屋銀行以及購屋輔助等等看似便利划算的利多吸引大家購屋移居。

但實際上交易還是要透過仲介，真正的好物件也要透過口耳相傳，當地人不想把房子賣給外地人的例子多的是，只能說買屋前多問多打聽多比較才相對不容易吃虧。但那也只是相對而言，不敢說打聽了就絕對不會吃虧。

在買物件前如此，裝潢時更是如此，如果讀者們真的對購入日

照片來源：西花 優希（にしはな ゆうき）

本鄉下物件有興趣，小弟誠摯的建議是：「google 只能參考，真正的有用的資訊都是google 不到的。」切記切記。

## ● 創立合同會社日月台

因為疫情影響，在 2020 年前半，我決定暫時把在東京的公司停止營業，專注在加賀與台日交流這部分，當然失去了公司身份，接受各種委託時要簽約也變得麻煩，另外因為疫情，工作不斷被取消，也讓繁忙的生活一口氣陷入真空。

協力隊在任期結束以後，總務省提供一百萬日幣的創業輔助金，讓想在赴任地生根的人們能有一筆啟動資金，但公司一開下去就要一直燒錢，在沒辦法收支平衡前都是惡夢，這種情況我不是第一次經歷，因此在疫情時代台日無法互訪的嚴峻情勢下要怎麼使用這一百萬，也讓我煩惱著。

要以什麼方式延續目前做的事又不會餓死，成了我任期最後一年最大的難題。

只見任期結束的協力隊同事們個個大顯身手，將之前三年內鋪成的人脈跟事業收網，有些原本當老闆的，增加了新的事業內容做得風生水起、有的憑著三年的成績，被大公司聘用，一邊工作一邊也說服公司以專案形式讓他延續之前的計畫、有人嫁給當地人、也有人接收當地居民閒置的物件經營起 sharehouse。

沒有一點本事，是沒辦法在加賀度過三年任期的，而這些本事除了專業技能、人脈、銀彈等社會資本以外，也帶有一點運氣。當初一起到任的人們，過了三年，生存率大概是六成。就在我邊看大家各顯神通，邊擔憂自己將來時，之前合作過的老闆來了聯絡。

「我們最近也在台灣弄了一點成績，之前也合作過，要不要一起開個公司把這些事延續下去？」這通電話，為我黑暗的前途點起一盞明燈。電話那一頭是在加賀經營古民家咖啡廳跟 BAR 以及藝廊長達 10 年的山根大德，最初我們相識是因為 NCL，他正好是其中一支已經消滅的計畫的合作夥伴。在任期中，我們也過幾次工作上的合作。

在這段時期找我合作的其實不只他，也包括光輝塾的尾野老師與 pluskaga 的三島老師，而這些原本在進行中的事，因為疫情也都卡死了。2019 跨到 2020 這段時間，一切計畫急轉直下，但在任期結束後，我想想有些東西硬著頭皮也是要做。

我與山根的公司，在跟市役所承辦人員，以及相關團體多次協調後，總算在 2021 年初登記立案。「日月台」這名字是山根想的，取自「連結日本與台灣的月台」，雖然剛開始我對於這個怎麼聽都只想到日月光跟日月潭的名字沒什麼感覺，但提不出更好方案最終也只能接受。

這是一間有店面的公司，就設立在山根經營了十年的咖啡廳 FUZON 的二樓，這下子要辦活動就不用到處跟人蹭場地了！而且我還不用自己去顧店，可以說是美事一樁。當然作為交換，我要做的事、要出的錢自然少不了。

開公司一直都不是難事，困難的是要怎麼利用公司賺錢。在熟知這個前提下，我還是在台日各方合作夥伴支持下開了這家新公司，想想自己還真是勇氣十足。公司開幕前後，無數會議跟協調、加上後來記者專訪，我也一次次重新確認與釐清自己的方向，畢竟從沒有路的地方走出一條路也不是那麼陌生的事了。現階段除了互訪之外，還有很多事能做吧？

中產階級自救會、台日共創商店街、跨國微電影、台日地方影展、台灣料理教室、翻開目前為止的會議紀錄，想做的事還好多好多，補也補不完，雖然疫情帶來的低潮不知道什麼時候才會結束，但看著那些未完成的計畫，也不禁讓人雀躍的揚起嘴角。

這世界很大，我沒看過的人事物多如漫天星斗，想跟夥伴們一起完成的事還有好多好多，一群人究竟能夠成就什麼、結合眾人之力能走多遠，這些都值得我花上一輩子來驗證。

而未來故事的留白，就讓我用接下來的實踐來填滿吧！

國家圖書館出版品預行編目（CIP）資料

微觀的地方創生：台日跨國工作移居手記 / 王立中著.
-- 初版. -- 新北市：斑馬線出版社, 2021.05
面；　公分

ISBN 978-986-99210-6-0（平裝）

1. 產業發展 2. 區域開發 3. 創意 4. 日本

552.31　　　　　　　　　　　　110006092

# 微觀的地方創生──台日跨國工作移居手記

作　　者：王立中
總 編 輯：施榮華
封面照片提供：西花 優希（にしはな ゆうき）
封面題字：增井 大樹

發 行 人：張仰賢
社　　長：許　赫
出 版 者：斑馬線文庫有限公司
法律顧問：林仟雯律師

斑馬線文庫
通訊地址：235 新北市永和區光明街 20 巷 7 號 1 樓
連絡電話：0922542983

製版印刷：龍虎電腦排版股份有限公司
出版日期：2021 年 5 月
ISBN：978-986-99210-6-0（平裝）
定　　價：350 元